중국어,
해석할 것인가
번역할 것인가

중국어,
해석할 것인가
번역할 것인가

이우일 · 홍병혜 공편

이담
Books

서 문

　일정 기간 안에 모종의 외국어를 학습한 이후의 용도는 다양하게 발휘될 수 있다. 그러나 한 언어를 취미나 교양의 목적이 아닌 전공의 깊이를 가지고 학습하였다면, 반드시 모국어와 그 외국어 사이의 일정한 체계를 통해 구어 또는 문어를 이용하여 가시화해야 한다. 인류의 모든 언어가 입으로 말하고 문자로 쓴다는 것을 감안할 때, 우선 입으로 말하는 언어를 소통하게 하는 통역의 개념과 문자로 쓰인 언어를 소통하게 하는 번역의 개념으로 분류할 수 있을 것이다.

　중국어와 관련한 학습 역시 마찬가지이다. 중국어를 소통하는 방식으로 중국어 통역과 중국어 번역으로 구분된다. 본서의 목적은 중국어의 소통 방식 중 중국어 번역을 원활히 대응하기 위해 일반적으로 알아두어야 할 상식과 정보 및 이를 운용하여 실전을 경험하는 데 있다. 한국인이라는 입장에서 본다면, 모국어가 한국어이고 이에 대응하는 목표의 외국어가 중국어일 때, 그 번역의 범주는 당연히 중한번역과 한중번역으로 나뉜다. 그러나 한중번역은 일반적인 중국어 교육과정에 있어 중국어작문과 중복되는 내용이 상당부분 존재한다고 판단하여, 본서에서는 번역 연습에 있어 중한번역으로 그 범위를 국한하였다.

　본서는 초급중국어회화나 초급중국어강독의 시간을 통해 살펴본 단문으로부터 한 발 더 나아가 중문이나 장문을 번역해야 하는 시점에서, 사전 지식을 간과

한 채 무모하게 중국어를 한국어로 번역하면서 발생하게 되는 오류를 미연에 방지하려는 의도에서 출발하였다. 따라서 전반에서는 번역과 관련된 기초적인 제반 지식을 설명하였고, 후반에는 이를 바탕으로 연습에 응용할 수 있는 실전을 배치하였다. 특히 중한번역 연습에서는 세심하고 정확하게 번역하는 기술을 단계적으로 습득할 수 있게 하기 위하여 <직역 → 의역 → 번역>의 3단계를 거쳐 훈련할 수 있도록 지면을 할애하였다.

중한번역과 관련한 이론서나 설명서가 충분하지 않은 현실 속에서, 부족한 내용임에도 불구하고 본서를 통하여 조금이라도 중국어 번역에 대한 자신감과 성과를 얻을 수 있기를 바란다.

2011년 8월

이우일 · 홍병혜

차 례

PART 02. 중한번역 연습

부록

번역에 대한 이해

1. 번역의 역사

번역은 약 2,000여 년의 역사를 가지고 있으며, 문자가 다른 민족들이 서로 소통을 하기 위하여 시작되었다.

이러한 번역의 시작이 종교적인 포교에서 비롯하고 있다는 것 역시 일반적으로 주지하는 사실이다. 이런 의미에서 성경과 불경은 역대로 끊임없이 번역된 대표적인 고전이라고 할 수 있다.

2. 번역의 정의

번역의 한자인 '翻译'의 석명을 통해서도 알 수 있듯이 번역이란 서로 다른 두 언어를 '뒤집어 업어서 통하도록 하는 것'이다.

이미 언급한 것과 같이 번역은 언어가 서로 다른 민족 또는 국가 사이에 소통을 목적으로 이루어지는 것이기 때문에, 저자가 전달하고자 하는 의미를 가능한한 정확하고 적절한 언어로 바꾸어 독자의 오해가 없도록 그 내용을 옮겨야만 한다. 따라서 이러한 명분을 수행하기 위해서 번역은 '의미의 이해, 이해한 내용의 표현, 두 언어 사이의 완벽한 대치와 병립'의 수순을 밟아야 할 것이다. 이를 좀 더 현실적이고 직접적인 방법으로 설명하자면 '번역이란 직역(直译) → 의역(意译) → 번역(翻译)의 과정을 거치면서 탄생하는 제2의 창작'으로 볼 수 있다. 이해의 편의를 위하여 이 세 단계를 더 상세히 구분하자면 <직역>은 원문의 의미와 문장구조에 충실하면서 있는 그대로 전달하는 것이고, <의역>은 직역의 어색함을 정리하면서 그 의미를 구체화시키는 것이며, <번역>은 그 문체의 특징을 파악하고 이에 상응하는 어투를 토대로 그와 관련한 지식과 소양을 동원하여 최선의 한국어를 구사함으로써 원문이 외국어라는 흔적이 남지 않도록 운문까지 완료한 상태를 말한다.

결국 어떠한 일련의 문장을 다른 언어로 바꾸면서, 위에서 말한 직역의 단계에 머물렀다면 단순하게 그 원문의 의미만이 전달되도록 해석한 것이며, 의역의 단계에 그쳤다면 진정한 번역이라고 볼 수 없다. 따라서 가장 우수한 번역이란 원문과 관련한 해당 외국어를 전혀 모르는 이가 그 번역문을 보았을 경우에도 그 의미를 이해하는 데에 전혀 무리가 없는 순조로운 문장을 말한다.

3. 번역의 기본 개념

전문번역사들의 경우 모국어를 A로 지칭하고 외국어를 B로 지칭하여, 모국어를 외국어로 번역하는 것을 [번역 A(to)B]라 말하고, 외국어를 모국어로 번역하는 것을 [번역 B(to)A]라 말한다. 따라서 한중번역·한영번역·한일번역 등은 [번역 A(to)B]라 하고, 중한번역·영한번역·일한번역 등은 [번역 B(to)A]라 한다. 또한 번역의 대상이 되는 언어를 1차 언어(source language: SL) 또는 출발어라고 하고, 번역의 결과가 되는 언어를 2차 언어(target language: TL) 또는 도착어라고 한다. 결국 중한번역은 1차 언어(SL)인 출발어가 중국어이고 2차 언어(TL)인 도착어가 한국어이며, 이와 반대로 한중번역은 1차 언어(SL)인 출발어가 한국어이고 2차 언어(TL)인 도착어가 중국어이다.[1]

4. 번역의 종류

1) 문건번역

문건번역의 범주는 이력서·합의서·계약서·보고서·공문서·설명서·법률법규·사설·기사 등이다. 이러한 문건번역을 위해서는 각 해당 문건의 문체적 특징을 파악하고 그에 따른 체재와 어투 및 표현을 운용해야 한다.

2) 도서번역

도서번역은 해당 외국어에 대한 서적의 번역을 말한다.

(1) 지식도서의 번역

사전류와 일반상식서 또는 전문서적을 번역하는 것이다. 중국어의 경우에 사전류는 중국의 많은 공구서들을 그 범위로 하며, 중국의 개황 등을 설명하는 일

---

1) 김난미·김진곤·김진아·김혜림 공저, ≪통역번역핵심가이드북≫ 81-82면, 현학사, 2005.

반상식서와 중국정치사·중국사상사·중국제지사 등의 전문서적이 그 대상이 된다. 특히 사전류라면 내용 속에 소개된 전고(典故)의 번역에 유의해야 하며, 전문서적 중 일정의 목표물에 대한 역대의 과정을 나열하는 사류(史类)라면 중국 역사에 대한 지식을 반드시 구비해야 할 것이다.

(2) 문학도서의 번역

시·수필·소설 등의 운문과 산문이 그 대상이다. 문학작품을 번역하기 위해서는 해당 외국어에 대한 정확한 이해능력을 구비해야 할 뿐만 아니라 그 문학형식의 특징을 파악하고 있어야만 한다. 이 외에도 당시의 시대배경에 대해서도 간파하고 있어야 하는데, 이입된 작가의 감정을 최대한 전달하기 위해서는 상당한 문학적 감수성이 요구된다. 특히 중국의 경우에 현대나 당대의 문학이 아닌 고대의 작품이라면 고대중국어의 구조와 특징에 대해서도 충분히 이해하고 있어야만 한다.

3) 영상번역

영상번역의 대상 범위는 TV 속에서 자막이나 더빙이 필요한 방송물(드라마·다큐멘터리 등)과 영화(극장용 영화와 비디오 등) 및 동영상으로 제작된 홍보물 또는 교육관련 자료들이다. 특히 드라마나 영화의 경우 그 대본을 번역하게 되는데, 자막으로 처리하게 되는 최종적인 대사들은 관중들이 보게 되는 화면의 상황에 맞추어 간략히 정리하는 과정이 반드시 필요하다.

4) 기계번역

기계번역이란 컴퓨터를 사용하여 한국어·중국어·영어·일어 등의 자연언어를 다른 자연언어로 자동 번역하는 것을 말한다.

5. 우수한 번역을 위한 조건

번역은 출발어를 단순하게 뒤집어엎어 도착어로 바꾼 후 그것을 나열하는 데에 그치는 것이 아니다. 따라서 의미와 표현에 있어 그 결과의 순조로운 완성을 기대하고자 한다면, 이를 위해 일정한 자격이 요구된다.2) 우수한 번역을 위해 필요한 요건들을 몇 가지로 나누어 살펴보면 다음과 같다.

1) 목표의 외국어 배양하기

우수한 번역을 위해서는 모국어가 아닌 목표의 외국어를 철저히 배양하여 이에 능통해야만 한다.

앞서 이미 밝힌 것과 같이 본서에서 목표하는 중한번역의 구도는 1차 언어(SL)인 출발어가 중국어이고 2차 언어(TL)인 도착어가 한국어이다. 이를 수행하는 한국인의 입장에서 본다면, 한국어는 모국어이고 중국어는 외국어에 해당된다. 결국 목표의 외국어는 중국어일 것이다. 따라서 대부분의 경우 한국에서 출

---

2) 부뢰(傅雷)는 번역을 수행하기에 앞서 구비해야 할 자질로 '양쪽의 언어능력, 예술적 수양, 예민한 마음, 열렬한 동정심, 적당한 감상력, 상당한 사회경험, 충분한 상식(정치·경제·철학·과학·역사·회화·조각·건축·음악 그리고 천문지리·의학·점복·점성·관상까지 아우르는 학식과 교양)'을 들었다(손지봉, 「傅雷의 번역관 고찰」, 《중국학연구》 제52집 179~180면, 2010년 6월).

생한 이후에 말문을 열면서 지금까지 줄곧 한국어를 사용하고 있기 때문에 한국어보다는 중국어에 특히 엄격한 학습이 요구된다.

즉 한국인으로서 중한번역을 수행하는 데에 있어서, 한국어는 모국어이기 때문에 이는 차치하더라도 중국어에 대한 끊임없는 노력과 훈련은 필수적이다.

그렇다면 중국어를 배양하기 위해 어떻게 할 것인가?

어떤 매개를 통해 어떻게 중국어를 학습할 것인가의 문제는 개인의 고민과 경험 또는 취향과 흥미에 따라 선택할 수 있다. 그러나 중국어라는 목표에 이르기 위한 하나의 지침은 분야를 불문하고 다양한 중국어 문장을 수용해야 한다는 것이다. 개인적으로 선호하는 문장만을 편식할 경우, 다양한 문장의 접촉으로부터 차단되어 중국어를 대상으로 하는 우수한 번역이 불가능하다는 것을 명심해야 한다.

2) 한국어 잘하기

위에서 언급한 것과 같이 향후에 중한번역을 수행하기 위한 주체가 한국인이라면, 한국어라는 환경에 항상 노출되어 있기 때문에 한국어로 소통하는 데 있어 불편을 느끼는 사람은 아무도 없다. 따라서 개인적으로 대부분의 한국인들이 자신은 한국어를 잘하고 있다고 생각한다. 그러나 막상 중국어의 일정 단문을 한국어로 잘 번역하려고 한다면, 이 역시 쉽지 않음을 느끼게 된다. 모국어로 한국어를 사용하고는 있지만 과연 한국어에 정통한지의 여부는 별개의 문제이다.

그렇다면 한국어를 잘하기 위해서는 어떻게 할 것인가?

다독(多读)과 다작(多作)은 한국어를 잘하는 기본적인 태도이다. 이뿐만 아니라 모국어인 한국어에 많은 관심을 가지는 것이 중요하다. 중국어를 학습하면서 범하기 쉬운 가장 큰 오류 중 하나가 외국어인 중국어에는 많은 관심을 가지는 반면, 모국어인 한국어에는 별다른 애정이 없다는 것이다. 그러나 언어는 일관성을 가지기 때문에 각 언어의 체계와 특징 등은 다르다고 해도 모국어를 잘하는 것이 외국어를 잘하는 토대임은 말할 것도 없다.

3) 상식 넓히기

앞에서 언급한 임무를 완성하여 목표하는 외국어와 모국어에 능통하다고 해서 번역이 순탄하게 이루어지는 것은 아니다. 소통의 도구인 두 언어를 배양하는 것 이외에도 자국과 목표언어를 사용하는 국가의 자연환경과 사회 및 문화적인 배경에 대해 최대한 상세히 알고 있어야만 한다. 이를 위해 두 나라 각각의 역사적인 흐름과 변화는 물론 정치·경제·사회·문화·문학 등의 제반 사항을 모두 섭렵하고 있어야만 한다. 이처럼 양국에 대한 상식을 넓히기 위해서는 신문과 저널의 구독을 적극적으로 고려해야 할 것이며, 이러한 조건들이 충족될 때 우수한 번역을 위한 유리한 토대를 구축할 수 있을 것이다.

이상에서 제시한 3가지의 요건들을 충실하게 구비했다면, 번역은 결코 두 언어의 사전을 분주히 찾아가며 번역문을 기호로 전환하는 수준에서 그치지 않을 것이며, 양자의 문화 및 언어 환경을 명백히 파악하고 진행된 번역이기 때문에 그 결과에 대한 오류 역시 최대한 줄일 수 있다.

6. 중국어 번역에 필요한 요령

이상에서 제시했던 최선의 번역을 위한 조건들을 갖춘 이후에도 본서에서 목표하는 중한번역의 성공적인 수행과 완성을 위해서라면, 아래에서 말하는 몇 가지의 요령들을 충분히 숙지해야만 한다.

다음에서 소개하려고 하는 11가지의 사항 중 1~4항(문장부호에 주의하기, 관용구 찾아내기, 긴 수식어 괄호로 묶기, 끼어 있는 전치사구 파악하기)은 번역자가 처음 문장을 보았을 때 전체를 간파해내는 요령에 대해 설명하였고, 5~8항(보충어에 신경 쓰기, 피동문 표현하기, 한자어로 처리하기, 양사에 고심하기)은 한 문장 한 문장을 구체적으로 번역해나가면서 알아야 할 요령에 대해 언급하였으며, 9~11항(한국어 어순으로 바로잡기, 뺄 부분 탐색하며 번역문 다듬기, 더할 표현 찾아내며 번역문 정리하기)은 직역과 의역을 마친 후 최종의 마무리 단계에서 필요한 요령에 대해 제시하였다.

1) 문장부호에 주의하기

모든 문장은 각종의 부호를 통해 연결되고 종료된다. 중국어 문장 역시 마찬가지이다. 다양한 문장들을 학생들에게 번역하도록 하면, 상당수의 학생들이 중국어 문장 속에 있는 많은 부호들을 무시한다. 적당히 무시해도 상관없는 경우가 있기도 하지만 문장 속에 등장하는 부호는 대부분이 그것이 담고 있는 의미가 있기 때문에, 정확히 지켜서 번역한다면 매우 문장을 명쾌하게 표현할 수 있다. 특히 「:(冒号)」와 「;(分号)」가 그것이다. 중국어 문장 속에서 대부분의 경우 문장이 마무리될 때는 「。(句号)」가 사용된다. 그러나 「:」와 「;」역시 문장과 문장 사이에 적지 않게 개입되어 있다.

「:」는 대략 다음 부분에 그 내용이 정리되어 나오기 때문에 [다음과 같다]로 처리하는 것이 좋다. 예를 들어 다음과 같은 문장이 있다고 하자.

他问我: "……。"

「:」 이하에는 그가 내게 묻는 내용이 정리되어 나온다. 따라서 이와 같은 경우에 [그가 내게 묻기를 "……(묻는 내용)"라고 하였다]보다는 [그는 내게 다음과 같이 물었다. "……(묻는 내용)"]로 처리하는 것이 문장을 더욱 집중시킬 수 있다. 묻는 내용인 "……"의 내용이 긴 경우에는 더더욱 그러하다. 그 이유는 [그가 내게 묻기를 "……(묻는 내용)"라고 하였다]로 처리할 경우에 묻는 내용이 길어진다면 [그가 내게 묻기를 "……(묻는 내용)"]으로 문장이 마무리될 가능성이 매우 높기 때문이다. 그러나 이와 같은 경우 한국어 구사에 있어 ["……"라고 하였다]는 종료의 표현이 생략되어 있다면 완벽한 구사가 아니다. 그러므로 「:」라는 문장부호가 있다면 [다음과 같다]로 처리하는 것이 가장 무난한 대처법이 될 수 있다.

「;」는 이를 기준으로 등장하는 앞뒤의 문장이 동격임을 표시한다. 따라서 「;」는 「。」의 개념으로 처리하되 전후를 동급의 문장으로 대처하면 되는데, 대부분 어떠한 상황을 나열할 때 사용된다.

"北京 …… ; 上海 …… ; 广州 ……。"

이러한 경우 [베이징은 ……하다. 상하이는 ……하다. 광저우는 ……하다]로 표현해도 좋고, [베이징은 ……하고, 상하이는 ……하며, 광저우는 ……하다]로 표현해도 된다. 각각의 문장이 동격이라는 것만 주의시킬 수 있도록 번역하면 될 것이다.

이와 같이 각각의 문장부호가 제시하는 특징을 파악하고, 이에 대응하는 것은 번역에 대한 오류를 미연에 방지하는 중요한 지침이라는 것을 알 수 있다.

2) 관용구 찾아내기

문장 안에서 정확히 그 관용구를 발견하는 것은 원문의 의미를 파악하면서 오역을 줄이는 데에 대단히 중요한 과정이다.

「无论(不论、不管) ……, 还 ……。」「不但(不仅) ……, 而且 ……。」「因为(由于) ……, 所以 ……。」「虽然 ……, 但是 ……。」「尽管 ……, 可是(但是、然而、还、也)」「既 ……, 又 ……。」 등은 원문 속에서 쉽게 찾아낼 수 있는 관용구들이다. 그러나 이 외에도 문장 내에 늘 크고 작은 관용구들이 산재해 있기 때문에 이를 놓치지 말아야 한다. 다음의 제시문을 보자.

冬季供暖刚一开始, 北京奥委会就向80余家奥委会官方接待饭店发出倡议: 将冬季空调温度调低一度。

위 제시문에서는 「一 ……, 就 ……。」를 찾아내야만 이 문장을 "겨울철 난방이 시작되자마자 북경올림픽위원회에서는 80여 개의 북경올림픽 공식지정호텔들에게 '겨울철 냉난방기 온도를 1도 낮게 조절해줄 것'을 제안하였다."라고 번역할 수 있을 것이다.

따라서 문장에 내재한 관용구를 세심하게 챙기지 않는다면, 최선의 번역에 이를 수 없음을 염두에 두어야 한다.

3) 긴 수식어 괄호로 묶기

수식어란 주어 · 서술어 · 목적어 · 보충어를 제외한 나머지의 문장 요소를 가리킨다. 문장이 길고 복잡해 보이는 이유는 바로 긴 수식어 때문이다. 문장 자체가 주어와 서술어로 구성된 기본형식이라 하더라도 여기에 수식어가 길게 붙어있다면 주어와 동사를 찾는 일조차 곤란해질 수 있다. 문장의 중심 요소와 수식 요소를 신속하게 구별해내는 것은 중국어를 번역하는 데 있어 대단히 중요한 요소이다. 따라서 길이가 긴 문장에서는 수식어를 괄호로 묶어, 문장의 중심 성분과 수식 성분을 명확히 표시해야 하는데, 이러한 과정이 정확히 이루어지지 않는다면 문장에 대한 오역은 피할 수 없을 것이다.

"(凡因执行本合同所发生的或与本合同有关的)一切争议, 双方应解决。"

위 문장은 쉼표를 기준으로 앞 문장의 중심어는 '一切争议'이다. 결국 '凡因执行本合同所发生的或与本合同有关'은 '一切争议'의 긴 수식어에 해당한다. 특히 이 문장은 중앙에 '或'라는 부사까지 놓여 있기 때문에 '或'를 기준으로 '一切争议'의 긴 수식어는 두 개로 나눌 수 있다. 즉 '凡因执行本合同所发生的(본 계약을 이행하면서 발생하는) 一切争议(모든 분쟁)'과 '与本合同有关的(본 계약과 관련된) 一切争议(모든 분쟁)'으로 구분할 수 있다. 이러한 긴 수식어를 정확하게 파악했다면, 이 문장에 대해 "본 계약을 이행하면서 발생하게 되거나 본 계약과 관련된 모든 분쟁은 양측이 해결해야만 한다."라는 번역을 완성해낼 수 있을 것이다.

결국 한 문장에 내재해 있는 긴 수식어를 괄호로 묶어 처리하는 것은 장문을 번역하는 데 있어 그 오류를 막기 위한 효과적인 요령이라고 할 수 있다.

4) 끼어 있는 전치사구 파악하기

이는 위에서 이미 살펴본 '긴 수식어 괄호로 묶기'와 같은 맥락일 수 있다. 사실상 중국어 문장 내에는 많은 전치사구들이 개입되어 있으며, 따라서 문장 내에 끼어 있는 전치사구를 찾아내는 것은 문장의 전체 의미를 빠르고 정확하게 파악하는 데에 있어 대단히 유용하다.

> "中国红星有限公司和韩国太阳有限公司根据中华人民共和国中外合资经营企业法本着平等互利的原则通过友好协商，同意在中华人民共和国公同投资建设合资经营企业。"

위의 제시문은 장문으로 구분된다. 그러나 이 문장은 대부분 전치사구로 이루어진 문장임을 알 수 있다. '根据'라는 전치사로 연결된 전치사구 '根据中华人民共和国中外合资经营企业法'와 '本着'라는 전치사로 연결된 전치사구 '本着平等互利的原则' 또한 '通过'라는 전치사로 연결된 전치사구 '通过友好协商'으로 쉼표의 앞 문장은 세 개의 전차사구로 구성된 문장이라고 해도 과언이 아니다. 쉼표 뒤의 문장에도 '在'라는 전치사로 연결된 전치사구 '在中华人民共和国'가 있어, 한 문장 속에 모두 네 개의 전치사구가 있음을 확인할 수 있다. 따라서 이 문장의 경우 번역의 오류를 방지하기 위해서는 전치사구에 대한 정확한 파악이 이루어져야만 한다. 위 문장의 이러한 전치사구에 대해 차질 없이 파악했다면 "중국의 홍성주식회사와 한국의 태양주식회사는 중화인민공화국 중외합자경영법에 근거하여, 호혜평등의 원칙에 따라서, 우호적인 협상을 통해, 중화인민공화국에서 공동으로 투자하여 합자경영기업을 건립하는 데에 동의하였다."라는 번역문에 이를 수 있을 것이다.

이와 같이 중심어 사이에 놓인 전치사구를 제대로 파악하는 것은 그 문장에 대한 오역을 막는 중요한 사항임을 알 수 있다.

5) 보충어에 신경 쓰기

결과보충어·정도보충어·방향보충어·가능보충어·수량보충어 등과 같은 보충어의 발달은 중국어의 중요한 특징이다. 이와 같은 보충어의 발달 현상은 중국어가 원래 단음절인 하나의 한자를 가지고 의미를 전달한 데서 기인한다. 따라서 보충어가 운용된 표현을 정확하게 번역하는 것은 중국어 번역에 있어 관건이라 할 수 있다. 이 중 가능보충어는 한국어로 번역할 때 특별히 주의할 사항이 없으며, 수량보충어는 하단에서 설명하게 될 '양사에 고심하기'에서 함께 언급할 것이다.

우선 결과·정도·방향보충어를 적절히 해결할 수 있는 방법에 대해서 살펴보면 다음과 같다.

(1) 결과보충어

보충어를 포함하는 중국어문장은 동사+보충어의 순서로 전개되지만 이를 어순에 따라 한국어로 직접 나열해 놓았을 경우에는 매우 어색한 문장이 될 것이다. 결과보충어는 '동사+동사의 결과를 보충하는 말(결과보충어)'의 구성으로 한국어에서는 중국어의 결과보충어가 부사어처럼 해석되기 때문에 부사어처럼 해석되는 보충어 성분 다음에 동사가 위치하도록 번역해야만 한다.

다음의 제시문을 직역해보자.

我记住了上个月学习的生词。

'나는 지난달에 배웠던 새 단어를 기억하여 머물게 하였습니다.' 정도로 할 수 있을 것이다. 그러나 이러한 문장이 어색한 한국어라는 것은 말할 필요도 없다. '记住'는 뒤의 '了'를 포함하여 결과보충어(记는 동작이며 그 결과를 보충한 것이 住)가 있는 서술어에 해당하기 때문에 이를 한국어로 번역한다면, 앞에서 말한 것과 같이 결과보충어를 부사어처럼 처리하여 '나는 지난달에 배웠던 새 단어를 모두 암기하였습니다.'로 해야 할 것이다.

(2) 정도보충어

정도보충어 역시 중국어문장 속에서는 동사나 형용사+보충어의 순서로 놓여 '동사나 형용사+동사나 형용사의 정도를 보충하는 말(정도보충어)'의 구성을 나타낸다. 이를 한국어로 번역한다면, 결과보충어의 경우와 마찬가지로 정도보충어는 부사어처럼 처리된다. 중국어에서 정도보충어의 표현법은 여러 형태이지만 가장 빈번한 모습은 '동사나 형용사+得+보충어'로 구조조사 '得'가 포함된 형식이다.

다음의 제시문을 직역해보자.

他们常常准备得很周到。

'그들은 항상 준비하는 정도가 매우 주도면밀합니다.' 정도로 할 수 있을 것이다. 그러나 이 역시 한국어가 대단히 어색하다. '准备'라는 동사의 정도를 보충하는 성분이 '很周到'이므로 이에 유의하며 한국어로 번역한다면, 앞에서 말한 것과 같이 정도보충어를 부사어처럼 처리하여 '그들은 항상 주도면밀하게 준비합니다.'로 해야만 한다.

이처럼 중국어의 보충어가 한국어로 번역할 경우에 서술어 앞에서 많은 수식어의 형태로 첨가되는 이유는 무엇일까?

중국어는 동사의 뒷부분이 열려 있어 동사 뒤에 목적어나 보충어 등의 성분을 충분히 넣을 수 있기 때문이고, 반면 한국어는 동사의 뒷부분이 닫혀 있어 더 이상 다른 성분들을 배치할 수 없기 때문이다. 다시 정리하면, 중국어는 중심어가 앞에 놓이는 언어이고, 한국어는 중심어가 뒤에 놓이는 언어이다.

위에서 언급한 것과 같이 결과보충어와 정도보충어는 각각 그 보충어 성분을 부사어처럼 표현하는 것이 이것을 포함하는 중국어문장을 한국어로 번역하는 데 있어 핵심적인 요소였다.

다음은 방향보충어에 대한 설명이다.

(3) 방향보충어

방향보충어 역시 중국어문장 속에서는 동사나 형용사+보충어의 순서이다. '동사나 형용사+동사나 형용사의 방향성을 보충하는 말(방향보충어)'의 구성을 나타낸다. 따라서 이를 한국어로 번역할 때에는 동사나 형용사 뒤에 그 방향성을 구체화해야 한다는 것에 주목해야 한다. 다음의 제시문을 번역하면 다음과 같다.

我们才找出来这件事情毛病。

'우리들은 비로소 이 일의 폐단을 찾았습니다.'가 아닌, 반드시 '우리들은 비로소 이 일의 폐단을 찾아냈습니다.'로 마무리하며 방향성을 확실하게 표시해야만 한다. 전자로 번역하였을 경우에는 그 폐단을 찾는 것이 일회적이고 단순한 일 이었다는 인상을 주게 된다. 이 때문에 후자로 번역해야만 중국어 원문이 가지 고 있는 '여러 경로를 탐색하고 경험하여 드디어 어렵게 찾아냈다는 어기'를 담 을 수 있다. 결국 중국어의 방향보충어를 번역할 때는 한국어 동사나 형용사의 방향성 표시에 특히 주의해야 한다.

따라서 중국어에 발달한 보충어를 한국어로 번역할 때는 그 보충어의 특별한 의미를 한국어의 정서에 부합하도록 적절하게 수정해나가야 할 것이다.

6) 피동문 표현하기

'被'자 문장은 중국어 문장 중 특수구문에 포함되며, '被'자 대신에 让·给·使 ·令·叫·教가 쓰이기도 한다. 피동문에 대한 직역은 상당히 어색하다. 따라서 '被'자 등의 문장에서는 그 주체와 객체를 파악한 후, 이에 대처할 수 있는 완벽한 한국어를 구사하는 것이 필요하다. '被'자를 포함한 중국어의 피동문은 일반적으 로 「주어+'被'자 또는 이를 대체하는 전치사들+어떤 사람이나 사물+어떤 동사」의 구성인데, 이를 직역하면 "주어는 어떤 사람이나 사물로 하여금 어떤 동사하게 하 였다(또는 '어떤 동사하도록 시켰다.' 또는 '어떤 동사해 버렸다.' 등)."의 순조롭지 못한 형태로 정리된다.

결국 다음의 제시문을 직역할 경우에도 다음과 같이 될 수 있다.

我的帽子叫风刮掉了。

'내 모자는 바람으로 하여금 날아가 버렸다.' 역시 완전한 한국어로 표현되지 못했음을 알 수 있다. 이 때문에 「'被'자 또는 이를 대체하는 전치사들」 뒤에 후치되는 「어떤 사람이나 사물」을 「어떤 사람이나 사물」 뒤에 오는 동사의 주체로 처리해야만 할 것이다. 이를 감안하여 같은 문장을 번역한다면 '내 모자는 바람에 날아갔다'는 자연스러운 한국어를 구사할 수 있게 된다.

따라서 피동문을 번역할 때는 주체가 사람이라면 '주어가 어떤 사람으로 하여금 어떤 동사하게 하였다'가 아닌 '주어가 어떤 사람에게 어떤 동사시켰다.'로 해야 할 것이며, 주체가 사물이라면 '주어가 어떤 사물로 하여금 어떤 동사하게 시켰다'가 아닌 '주어가 어떤 사물로 어떤 동사되었다.'로 해야 할 것이다.

7) 한자어로 처리하기

문장을 구사하면서 단어를 선별할 때, 한국어 속에서 구어가 아닌 한자어를 사용해야 한다. 동일한 의미를 가지고 있는 어휘일지라도 구어가 아닌 문어로 선택해야 한다는 것에 주의해야 한다.

다음의 제시문을 번역할 경우에도 마찬가지이다.

中国政府及时采取措施，赶快应对新出现的问题。

일차적으로 "중국정부는 제때에 조치를 취하여, 재빨리 새로 발생한 문제점을 대처하였다."로 직역을 할 수 있지만 궁극적으로는 '제때에'는 '적시에'로 교체하고 '재빨리'는 '신속히'로 바꾸어 번역문을 완성해야만 할 것이다. 이와 같은 현상은 한국어 속에 많은 한자어가 포함되어 있어서 한자어로 처리할 경우에 더 세련되고 고아한 인상을 가져다주기 때문인 것으로 사료된다.

8) 양사에 고심하기

중국어는 양사가 발달한 언어이다. 중국어의 양사는 한국어의 불완전명사와 유사한 의미로 인식하면 되는데, 이것이 포함된 문장을 번역하는 데 있어 주의해야 할 것은 그 양사의 위치이다. 아래의 제시문을 통해 중국어의 양사를 한국어로 옮기는 것에 대해 살펴보면 다음과 같다.

给我订三张票。

위의 문장을 번역한다면, "제게 세 장의 표를 예약해주세요."로 해야 할까? 아니면 "제게 표 세 장을 예약해주세요."로 해야 할까? 또한 "桌子上有五本书。"는 "탁자 위에 다섯 권의 책이 있어요."로 해야 할까? "탁자 위에 책 다섯 권이 있어요."로 해야 할까? 이는 간단한 문제인 것 같지만 중국어를 학습하면서 처음으로 중국어의 양사를 공부한 후 짧은 단문이라도 해석해야 하는 순간을 맞이한다면, 누구나 한두 번은 고심하는 부분이 아닐 수 없을 것이다. 일반적으로 중국어는 '수사+양사+명사'의 어순이기 때문에 한 문장을 직역할 경우에는 '세 장의 표'로 표현해야 하지만 한국어의 일반적인 어순은 '명사+수사+불완전명사'의 어순이어서 '표 세 장'으로 해야 할 것이다. 그러나 한국어 속의 '명사+수사+불완전명사'의 어순은 고정적인 것이 아니다. '두 나라 정상의……' '세 학교가 연합하여……' '일곱 난장이는 공주의……' 등과 같은 예도 사용된다. 그러나 이는 대부분 관용적인 표현으로 '열 자루 연필'이나 '세 마리 곰' 등은 어색하다. 따라서 한국어의 '명사+수사+불완전명사'의 일반적인 어순에 어긋나는 예는 관용표현에 해당하므로 이를 적절히 분별하여 가장 자연스러운 최상의 번역을 해야만 한다.

9) 한국어 어순으로 바로잡기

중국어의 원문에 충실하여 정확히 번역을 한 경우라도 그 어순이 한국어에 어색하다면 반드시 이를 바로잡는 수고가 필요하다. 예를 들면 다음과 같다.

他在北京市第十届中学生高中英语竞赛中获预赛优秀奖。

위의 문장은 "그는 북경시 제10회 중고등학생 고등학생 영어경시대회에서 예선 우수상을 획득하였다."로 옮길 수 있다. 그러나 이를 완전한 한국어 어순으로 "그는 제10회 북경시 중고등학생 영어경시대회 고등학생 영어경시 부문 예선에서 우수상을 수상하였다."로 바꾼다면 전혀 어색하지 않은 번역문을 구사할 수 있을 것이다. 이는 중국인과 한국인의 언어 체계에 대한 인식의 차이에서 비롯한 것으로 볼 수 있으며, 따라서 중국어 문장을 완전한 한국어 문장으로 번역하려 한다면, 이와 같이 어순을 바꾸어 나가는 과정이 요구된다.

이상에서 설명한 여덟 가지의 사항은 한 문장 한 문장을 해석하고 번역할 때의 경우라고 할 수 있다.

다음은 초벌의 문장을 완성된 번역으로 다듬어 나가면서 고민해야만 하는 전체적인 문장 사이의 논리에 해당하는 부분이다.

10) 뺄 부분 탐색하며 번역문 다듬기

번역문의 수요자가 문장을 집중하는 데 있어 방해되는 요소가 있다면, 불필요한 부분을 과감히 생략하는 과정이 필요하다. 또한 의미는 보존하면서 그 어순만을 한국어의 정서에 부합하도록 수정하는 것도 잊지 말아야 한다.

아래 제시문을 직역한다면 다음과 같다.

为了家庭的和睦、生活的和谐，当然是各种各样的乐趣都要有。

也要学会体贴别人，照顾别人。

"가정의 화목과 생활의 조화를 위해서는 당연히 다양한 각종의 즐거움을 다 가지고 있어야 합니다. 또한 다른 사람을 자상하게 돌볼 줄 알고, 보살필 줄 아는 것을 배워야 합니다."일 것이다. 그러나 이러한 직역이 한눈에도 중언부언되어 있음을 알 수 있다. 특히 이러한 현상은 좌담이나 취재 등의 대담 내용을 담고 있는 문장인 경우에 흔히 발견할 수 있는데, 그것이 문어가 아닌 구어에 속하기 때문이다. 결국 중복되고 있는 내용들이 상당부분 존재하게 되고, 이를 잘 정리해야만 한다. 동일하거나 유사한 표현이 연속적으로 중복되는 것이 좌담과 취재 등을 담은 문장의 특징이라 할지라도 이러한 면을 세심하게 다듬지 못한다면, 그 좌담이나 취재의 내용들을 파악하기 위해 서면으로 확인하게 되는 번역문의 수요자는 문장을 읽어나가며 상당한 혼란과 불편을 느끼게 될 것이다. 따라서 위의 제시문에서 반복되는 내용들을 제거한 후 정리한다면 "가정의 화목과 생활의 조화를 위해서는 당연히 다양한 즐거움을 가지고 있어야 합니다. 또한 다른 사람을 자상하게 돌볼 줄 아는 것을 배워야 합니다."일 것이다. 그러나 이것이 하자가 없어 보이는 문장임에도 불구하고 이를 "화목한 가정과 조화로운 생활을 위해서라면, 당연히 다양한 삶의 재미를 가지고 있어야 합니다. 이뿐만 아니라 타인을 자상히 배려하는 것도 배워야 합니다."로 다시 정리해준다면 더욱 자연스러운 한국어에 접근할 수 있을 것이다.

11) 더할 표현 찾아내며 번역문 정리하기

위에서 살펴본 것과 같이 문장 속의 일정한 표현을 삭제해야 그 의미가 정확해지는 경우도 있지만, 일정의 의미를 더해주어야 독자의 집중력을 향상시키는 경우도 있다. 따라서 문장과 문장 사이에 접속사를 이용하여 구문 간의 논리를 세워주어야만 문장에 대한 집중력을 높일 수도 있고, 원문에는 없는 표현이지만 문장과 문장 사이를 연결해주는 일정의 표현을 더해주어야 정확한 원문의 의미 파악이 가능할 수도 있다. 또한 이러한 수고의 과정을 거쳐야만 비로소 중국어를 원문이 아닌 번역만으로 그 내용을 전달받아야 하는 수요자들에게 양질의 번역문을 제공할 수 있을 것이다.

아래 제시문을 번역하면 다음과 같다.

千万别弄碎琉璃器皿, 去匈牙利旅游, 不论是住店, 还是用餐, 千万别弄碎琉璃器皿, 如果有人不小心, 打碎了器皿, 就会被人认为是要交逆运的先兆, 您就成了不受欢迎的人。

"절대로 유리그릇을 깨지 말아야 하는데, 헝가리에 여행을 가서, 여관이나 호텔에 묵을 때는 물론이고, 밥을 먹을 때면, 절대로 유리그릇을 깨지 말아야 하는데, 만약에 어떤 사람이 조심하지 못해, 유리그릇을 깼다면, 사람들에게 불행을 가져다주는 조짐으로 생각될 것이며, 당신은 환영받지 못하는 사람이 될 것입니다." 그러나 처음 문장부터 핵심 사항이 누락되어 있기 때문에 이를 맨 앞에 더해주는 것이 필요하다. 또한 문장이 만연의 형식이기 때문에 이를 원문의 길이에 맞춘다면 번역문의 집중력도 결여될 수 있다. 따라서 이러한 결점들을 보충하고 중간의 내용과 어색한 단어들을 정리한다면 "헝가리에 가서는 절대로 유리그릇을 깨지 말아야 하는데, 그곳을 여행하면서, 투숙할 경우는 말할 것도 없고 식사를 할 때도 절대 유리그릇을 깨지 말아야 합니다. 만약 부주의하여 유리그릇을 깨게 된다면, 사람들은 그를 불행의 조짐으로 생각하게 되어, 환영받지 못하는 이가 될 것입니다."로 수정할 수 있을 것이다.

이 외에도 비교적 간단한 사항이지만 보충어 부분에서 수량보충어 중 그 수가 하나에 국한하는 경우에는 '한 개' 또는 '한 곳'이라는 것을 굳이 번역에 드러낼 필요가 없다. 예를 들면 다음과 같다.

北京大学创建于1898年, 是中国第一所国立综合性大学。

위의 문장에서 굳이 '一所'를 챙겨 "북경대학은 1898년에 창건된 한 곳의 중국 제일의 종합성을 지닌 국립대학이다."로 해석했다면 상당히 어색할 것이다. 따라서 이 문장의 경우 원문의 '一所'를 무시하고 번역해야만 "북경대학은 1898년에 세워진 중국 제일의 종합대학이다."라는 의미를 전달할 수 있을 것이다.

중국의 고유명사를 번역문 속에서 한국어로 옮길 때에도 유의해야 하는데, 인명이나 지명과 같은 중국어의 고유명사를 번역문 속에 옮길 때에는 두 가지의 방식을 취할 수 있다. 첫 번째 방식은 공자(孔子)나 산동(山东)처럼 한국의 한자어 발음으로 표기하는 것이고, 두 번째 방식은 마오쩌둥(毛泽东)이나 베이징(北京)과 같이 중국어 발음으로 표기하는 것이다. 그리고 두 번째 방식을 이용할 경우에 중국어의 한글표기법에 대해서는 여전히 통일되어 있지 않다. 따라서 중국어의 고유명사를 한국어로 옮길 때에는 위의 두 가지 방식 중 자의적으로 어떤 것이라도 채택할 수 있지만, 이때 한국어의 한자음이나 중국어 발음 옆에 괄호를 이용하여 반드시 한자를 병기해야만 한다.

이상에서 제시한 번역의 요령들은 다음의 문장 또는 앞으로 보게 될 많은 중국어 문장을 '직역에서 의역으로' 그리고 '의역에서 번역으로'의 수순을 밟으며 '제2의 제3의 창작'이라고 불리는 최후의 번역문을 만들어 나가는 데에 있어 모두 동원되어야 할 것이다.

PART

02

중한번역 연습

1. 중한번역 연습에 들어가며

중한번역은 중국어 문장을 한국어 문장으로 번역하는 것이다. 특히 여기에서 주목해야 할 것은 '번역'이라는 단어인데, 번역은 '뒤집어 역한 것'으로 이 과정이 단계를 밟아 순차적으로 이루어지지 않는다면, 뒤져서 헤집기만 하고 정리하지 못해 어수선한 상태에 머물게 된다. 결국 거친 직역과 의미가 전달되도록 다듬어진 의역의 수순에 따라 번역이라는 정상에 도달해야만 할 것이다.

이미 도입부분에서

"직역은 원문의 의미와 문장구조에 충실하면서 있는 그대로 전달하는 것이고, 의역은 직역의 어색함을 정리하면서 그 의미를 구체화시키는 것이며, 번역은 그 문체의 특징을 파악하고 이에 상응하는 어투를 토대로 그와 관련한 지식과 소양을 동원하여 최선의 한국어를 구사함으로써 원문이 외국어라는 흔적이 남지 않도록 윤문까지 완료한 상태"

라고 언급한 내용에 주목하며

'직역이란 사전을 이용하여 문장 속의 한 글자도 모르는 의미가 없도록 다 찾은 후 있는 그대로 세세히 다 옮겨 놓은 것, 의역이란 직역의 어색함을 벗을 수 있도록 고쳐나가는 것, 번역이란 중국어를 전공하지 않은 독자가 보았을 때 그 의미를 이해하는 데 있어 전혀 무리가 없어야 하기 때문에 완벽하게 한국어를 구사하여 완전한 문장을 만들어나가는 것'

이라는 사실을 명심하고 단계적으로 번역을 진행해야만

'어떤 한 단문 또는 장문에 대해서 그 번역을 통해 문장의 의미를 이해해야 하는 수요자들에게 문장의 의미를 호소할 수 있다는 사실'

에 유의하며 다음에 제시된 다양한 문장의 번역을 시도해 보도록 한다.

1) 사서삼경을 통한 중한번역 연습

사서삼경은 유가경전 중의 핵심이라고 할 수 있다. 이는 수천 년 전의 기록이니만큼 이에 대한 과거의 번역문들은 고루하고 난해한 인상을 주었던 것이 사실이다. 그러나 사서삼경의 내용들은 현재까지 이어져 오면서 우리에게 그 메시지를 전달하고 있기 때문에, 이와 관련된 번역문 역시 현대에 그 의미를 전달받고자 하는 사람들에게 오래되고 지루한 모습으로 다가서는 것은 옳지 못하다. 심지어 어떤 번역문들은 아무리 수차례 읽어 보아도 그것이 뜻하는 내용을 도저히 파악할 수 없는 경우도 있는데, 번역된 한국어 자체가 제대로 된 한국어로 구사되어 있지 않기 때문에 번역문을 통해 메시지를 수용하고 이를 현실의 삶과 연계하여 생활의 지침으로 삼기에 앞서, 번역문 자체의 한국어와 씨름하기도 한다. 따라서 이러한 오류를 막기 위해서는 번역자가 그 내용을 세심히 파악하고 이를 정확한 한국어로 번역해 내는 과정이 필요하다.

우선 예시문을 통해 사서삼경을 이해해 나아가는 요령을 단계별로 살펴보면 다음과 같다.

 예시문

子曰, "学而时习之, 不亦说乎? 有朋自远方来,

Zǐ yuē, "xué ér shí xí zhī, búyì yuè hū? yǒu péng zì yuǎnfāng lái,

不亦乐乎? 人不知而不愠, 不亦君子乎?"

búyì lè hū? rén bùzhīér búyùn, búyì jūnzǐ hū?"

(≪论语≫)

1 직역

공자 왈, "배우고 그리고 때때로 그것을 익히면, 또한 기쁘지 아니한가? 벗이 있어 먼 곳으로부터 오면, 또한 즐겁지 아니한가? 다른 사람이 알지 못해도 성내지 않는다면, 또한 군자가 아니겠는가?"

이는 원문에 있는 글자 하나하나의 의미를 누락시키지 않고 해석한 직역에 해당한다. 직역의 문장을 통해 의미를 파악할 수는 있으나 어색한 부분을 고쳐가면서 가다듬는 의역의 단계를 거쳐야만 한다.

　　공자 가라사대, "배우고 때때로 그것을 익히면, 또한 기쁘지 아니한가? 벗이 먼 곳에서 오면, 또한 즐겁지 아니한가? 남이 나를 알지 못해도 성내지 않는다면, 또한 군자가 아니겠는가?"

　　위의 직역문에 비해서는 조금 더 정리되었다. 특히 "가라사대"라는 표현은 기존의 번역서에서 종종 등장한 표현으로 직역문의 "왈"보다는 진보한 것이다. 그러나 현재의 언어 상황에 부합하는 한국어 표현으로 한 걸음 나아가려면 결국 최종의 번역 단계를 거쳐야 한다.

　　공자께서 다음과 같이 말씀하셨다. "배우고 종종 그 배운 것을 복습한다면, 매우 기쁠 것이다. 친구가 먼 곳에서 날 찾아온다면, 매우 즐거울 것이다. 남이 나 자신을 알아주지 않아도 화내지 않는다면, 그는 진정한 군자일 것이다."

　　이 문장이 앞의 예시문에 대한 최종의 정답은 아니다. 단지 예시문에 대한 완성된 번역의 한 예로 제시한 것에 불과하다. 이와 같이 한 문장에 대한 번역문을 만들어 나가기 위해서는 적어도 이와 같이 세 단계를 거치면서 수정해 나아가야 할 것이다.

　　다음의 제시문을 통해 연습을 계속하도록 한다.

孟子曰, "…… 恻隐之心, 仁之端也。 羞恶之心, 义之端也。

Mèngzǐ yuē, "…… cèyǐnzhīxīn, rén zhī duān yě. xiūwùzhīxīn, yì zhī duān yě.

辞让之心, 礼之端也。 是非之心, 智之端也。

círàngzhīxīn, lǐ zhī duān yě. shìfēizhīxīn, zhì zhī duān yě.

人之有是四端也, 犹其有四体也。 …… "

rénzhī yǒu shì sì duān yě, yóu qí yǒu sì tǐ yě."

(《孟子》)

다음의 3단계를 거치면서 연습하도록 한다.

┌─────────────┐
│ ① 직역 ☞ │
└─────────────┘

┌─────────────┐
│ ② 의역 ☞ │
└─────────────┘

┌─────────────┐
│ ③ 번역 ☞ │
└─────────────┘

喜怒哀乐之未发谓之中，发而皆中节谓之和。中也者天下之大本也，

Xǐ nù āi lè zhī wèi fā wèi zhī zhōng, fā ér jiē zhōng jié wèi zhī hé. Zhōng yě zhě tiānxià zhī dà běn yě,

和也者天下之达道也。致中和，天地位焉，万物育焉。

hé yě zhě tiānxià zhī dá dào yě. Zhì zhōnghé, tiāndì wèi yān, wànwù yù yān.

(≪中庸≫)

다음의 3단계를 거치면서 연습하도록 한다.

① 직역 ☞

② 의역 ☞

③ 번역 ☞

古之欲明明德於天下者, 先治其国, 欲治其国者, 先齐其家,

Gǔ zhī yù míng míng dé yú tiānxià zhě, xiān zhì qí guó, yù zhì qí guó zhě, xiān qí qí jiā,

欲齐其家者, 先修其身, 欲修其身者, 先正其心, 欲正其心者, 先诚其意,

yù qí qíjiā zhě, xiān xiū qí shēn, yù xiū qí shēn zhě, xiān zhèng qí xīn, yù zhèng qí xīn zhě, xiān chéng qí yì,

欲诚其意者, 先致其知, 致知在格物。

yù chéng qí yì zhě, xiān zhì qí zhī, zhì zhī zài géwù.

(《大学》)

다음의 3단계를 거치면서 연습하도록 한다.

1 직역 ☞

2 의역 ☞

3 번역 ☞

2) 옛 명문을 통한 중한번역 연습

　명문의 범주는 앞에서 언급한 유가경전 외에도 다양한 제자백가서들이나 사류를 망라한다. 이런 광범위한 문장 중 특히 현재까지 회자되며 유행하고 있는 단편들은 우리에게 교훈과 재치를 제공하고 있다. 명문에게 제시되고 있는 상황과 지금의 생활 사이에 상당한 시간적 차이가 존재함에도 불구하고, 빈번히 인용되면서 그 공통점과 유사성에 감탄을 연발하게 하는 것은 장구한 역사의 흐름 속에서 인간의 심정처럼 불변하는 것도 없음을 반증하는 대목일 것이다.

　이와 같이 2000~3000년 전의 상황일지라도 이 순간에 동감하며 삶의 지침으로 활용할 수 있는 명문에 대한 정확한 번역 역시 이를 통해 지혜롭게 생활하기를 희망하는 수요자들에 대한 번역자의 몫이라고 할 수 있다.

　먼저 제시되고 있는 예시문을 통해 각종 명문을 파악해 나아가는 요령에 대해 살펴보면 다음과 같다.

 예시문

楚人有鬻盾与矛者。誉之曰, "吾盾之坚, 莫能陷也。" 又譽其矛曰,

Chǔ rén yǒu yù dùn yǔ máo zhě. Yù zhī yuē, "wú dùn zhī jiān, mò néng xiàn yě." Yòu yù qí máo yuē

"吾矛之利, 於物无不陷也。" 或曰, "以子之矛, 陷子之盾, 何如?"

"wú máo zhī lì, yú wù wú bú xiàn yě." Huò yuē, "yǐ zǐ zhī máo, xiàn zǐ zhī dùn, hérú?"

其人不能应也。

Qí rén bú yìng yě.

(≪韩非子≫)

1 직역

초나라 사람 중 창과 방패를 파는 사람이 있었다. 그것을 칭송하며 말하기를 "내 방패의 견고함은 뚫을 수 없다."라고 하였다. 또 그의 창을 칭송하며 말하기를 "내 창의 예리함은 사물에 뚫지 못하는 것이 없다."라고 하였다. 혹자가 말하기를 "그대의 창으로 그대의 방패를 뚫으면 어떠합니까?"라고 하였다. 그 사람이 대답하지 못하였다.

이는 직역에 해당한다. 의미 전달에 있어 문제가 있는 것은 아니지만 반드시 좀 더 완전한 한국어를 구사해 나가는 의역의 단계를 거쳐야 한다.

2 의역

초나라의 사람 중 창과 방패를 파는 사람이 있었다. 방패를 자랑하며 말하기를 "내 방패의 견고함은 뚫을 수 없다."라고 하였다. 또 자신의 창을 자랑하며 말하기를 "내 창의 예리함은 사물에 뚫지 못하는 것이 없다."라고 하였다. 어떤 이가 말하기를 "그대의 창으로 그대의 방패를 뚫으면 어떠합니까?"라고 하였다. 그 사람이 대답하지 못하였다.

위의 직역과 비교할 때 다소 정리되어 있음을 알 수 있지만 다시 한 번 점검하면서 최종의 단계인 번역문을 완성해야 할 것이다.

3 번역

초나라의 어떤 사람이 창과 방패를 팔았다. 자신의 방패를 자랑하며 다음과 같이 말하였다. "이 방패는 견고하여 뚫을 수 없습니다." 계속해서 자신의 창을 자랑하며 다음과 같이 말하였다. "이 창은 예리하여 뚫지 못하는 것이 없습니다." 이 말을 듣고 있던 어떤 이가 말하였다. "그 창으로 그 방패를 뚫으면 어떻게 됩니까?" 그 사람이 대답하지 못하였다.

이 문장은 단지 원문에 대한 완성된 번역의 한 예로 제시한 것이다. 이와 같이 번역은 적어도 위의 세 단계를 거치면서 자연스러운 한국어로 수정에 수정을 거듭해야 할 것이다.

다음의 제시문을 통해 연습을 계속하도록 한다.

 제시문 1

近塞上之人, 有善术者, 马无故亡而入胡。人皆吊之, 其父曰,

Jìn sài shàng zhī rén, yǒu shàn shù zhě, mǎ wú gù wáng ér rù hú. Rén jiē diào zhī, qí fù yuē,

"此何遽不为福乎?" 居数月, 其马将胡骏马而归。人皆贺之, 其父曰,

"cǐhé jù bù wéi fú hū?" Jū shù yuè, qí mǎ jiāng hú jùnmǎ ér guī. Rén jiē hè zhī, qí fù yuē,

"此何遽不能为祸乎?" 家富良马, 其子好骑, 堕而折其脾。

"cǐ hé jù bù néng wéi huò hū?" Jiā fù liángmǎ, qí zǐ hǎo qí, duò ér zhé qí pí.

人皆吊之, 其父曰, "此何遽不能为福乎?" 居一年, 胡人大入塞, 丁壮者引

Rén jiē diào zhī, qí fù yuē, "cǐ hé jù bù néng wéi fú hū?" Jū yī nián, húrén dà

rù sài, dīngzhuàngzhě yǐn

弦而战, 近塞之人, 死者十九, 此独以跛之故, 父子相保。

xián ér zhàn, jìn sài zhī rén, sǐzhě shí jiǔ, cǐ dú yǐ bǒ zhī gù, fùzǐ xiāng bǎo.

故福之为祸, 祸之为福, 化不可极, 深不可测也。

Gù fú zhī wéihuò, huò zhī wéi fú, huà bù kě jí, shēn bù kě cè yě.

(≪淮南子≫)

다음의 3단계를 거치면서 연습하도록 한다.

1 직역 ☞

2 의역 ☞

3 번역 ☞

楚有祠者, 赐其舍人卮酒, 舍人相谓曰, "数人饮之不足, 一人饮之

Chǔ yǒu cí zhě, cì qí shè rén zhī jiǔ, shè rén xiāng wèi yuē, "shù rén yǐn zhī

bù zú, yī rén yǐn zhī

有馀。 请画地为蛇, 先成者饮酒。" 一人蛇先成, 引酒且饮之,

yǒu yú. qǐng huà dì wéi shé, xiān chéng zhě yǐn jiǔ." Yī rén shé xiān chéng,

yǐn jiǔ qiě yǐn zhī,

乃左手持卮, 右手画蛇曰, "吾能为之足。" 未成。 一人之蛇成,

nǎi zuǒ shǒu chí zhī, yòu shǒu huà shé yuē, "wú néng wéi zhī zú." Wèi chéng,

yī rén zhī shé chéng,

夺其卮曰, "蛇固无足, 子安能为之足?" 遂饮其酒。 为蛇足者, 终亡其酒。

duó qí zhīyuē, "shé gù wú zú, zǐ ān néng wéi zhī zú?" Suì yǐn qí jiǔ. Wéi shé

zú zhě, zhōng wáng qí jiǔ.

(《战国策》)

다음의 3단계를 거치면서 연습하도록 한다.

1 직역 ☞

2 의역 ☞

3 번역 ☞

赵且伐燕, 苏代为燕谓惠王曰, "今者臣来, 过易水, 蚌方出曝, 而鹬

Zhào qiě fá Yān, Sūdài wèi Yān wèi Huìwáng yuē, "jīn zhě chén lái, guò Yìshuǐ, bàng fāng chū pù, ér yù

啄其肉, 蚌合而箝其喙。鹬曰, '今日不雨, 明日不雨, 即有死蚌。'

zhuó qí ròu, bàng hé ér qián qí huì. yù yuē, 'jīnrì bù yǔ, míngrì bù yǔ, jí yǒu sǐ bàng.'

蚌亦谓鹬曰, '今日不出, 明日不出, 即有死鹬。' 两者不肯相舍,

bàng yì wèi yù yuē, 'jīnrì bù chū, míngrì bù chū, jí yǒu sǐ yù.' liǎngzhě bù kěn xiāng shě,

渔者得而并擒之。今赵且伐燕, 燕赵久相支, 以弊大众, 臣恐强秦之为

yú zhě dé ér bìng qín zhī. jīn Zhào qiě fá Yān, Yān Zhào jiǔ xiāng zhī, yǐ bì dàzhòng, chén kǒng Qín zhī wéi

渔父也。故愿王之熟计之也。" 惠王曰, "善。" 乃止。

yúfù yě. gù yuàn wáng zhī shú jì zhī yě." Huìwáng yuē, "shàn." Nǎi zhǐ.

《战国策》

다음의 3단계를 거치면서 연습하도록 한다.

1 직역 ☞

2 의역 ☞

3 번역 ☞

3) 사전을 통한 중한번역 연습

    중국은 여타 국가에 비해 많은 공구서가 발달하였다. 이는 중국의 역사가 길고 국토가 광대하여 이를 토대로 한 많은 문물들이 산재하고 누적된 데에서 기인한 것으로 이해할 수 있는데, 만약 일정분야에 대해 관심을 가지고 검색을 시도하려 한다면, 의외로 그 부문에 참고가 되는 공구서가 세심하게 구비되어 있음을 알 수 있다. 공구서는 어떤 부분의 조사나 연구 등에 지침이 되는 사전·자전·색인·연표·연감·백과전서 따위에 해당하는 것으로 이는 한 분야에 대한 초보적인 또는 심층적인 지식과 정보를 제공한다.

    따라서 각종 공구서의 문장을 정확히 번역하여 이를 수요자들에게 지원하는 것 역시 번역자의 의무이다. 특히 다양한 공구서는 그 의미를 설명하면서 상당수의 전고(옛 이야기)를 함께 소개하고 있는데, 이에 대해 각별히 주의해야만 문장을 정확하게 이해할 수 있다.

    먼저 하단의 예시문을 통해 각종 사전의 문장들을 번역해 나아가는 요령에 대해 살펴보면 다음과 같다.

 예시문

    【天骄】天之骄子。≪汉书·匈奴传上≫, "单于遣使遗汉书云,
Tiānjiāo: Tiān zhī jiāo zǐ. ≪Hànshū·Xiōngnúzhuàn shàng≫, "Chányú qiǎn shǐ yí Hàn shū yún,
'南有大汉, 北有强胡。胡者, 天之骄子也。'" 后以 '天骄' 指古少数民
'nányǒu dà hàn, běi yǒu qiáng hú. hú zhě, tiān zhī jiāo zǐ yě.'" Hòuyǐ 'tiānjiāo' zhǐ gǔ shǎoshùmín

---

族之强胜者。唐李白塞下曲六首，"弯弓射汉月，插羽破天骄。"

zú zhī qiángshèg zhě. Táng Lǐbǎi「Sàixiàqǔ liù shǒu」, "wān gōng shè hàn yuè, chā yǔ pò tiānjiāo."

王维出塞诗, "居延城外猎天骄, 白草连山野火烧。"

Wángwéi「Chūsài」shī, "jū yán chéng wài liè tiānjiāo, bái cǎo lián shān yě huǒ shāo."

(≪中国典故辞典≫ 110면, 北京出版社, 1996)

1 직역

[천교] 하늘의 교만한 자이다. ≪한서·흉노전 상≫에서 다음과 같이 말하였다. "선우가 사절로 파견되니 한나라에 다음과 같은 서신을 남겼다. '남쪽에는 큰 한족이 있고, 북쪽에는 강한 호족이 있다. 호족은 하늘의 교만한 자이다.'" 이후에 '천교'는 옛 소수민족 중 강하고 우수한 자를 가리켰다. 당나라 이백의 새하곡 6수에도 "굽은 활로 한나라의 달을 쏘니, 활에 꽂힌 깃털이 천교를 갈라놓았네."라고 하였고 왕유의 출새에서도 "성 밖에서 길게 거하며 천교를 잡으니, 백초가 산야에 이어져 불로 탄다네."라고 하였다.

이는 직역에 해당한다. 그러나 나열된 한국어 구사가 어색하기 때문에 반드시 의역의 단계를 거쳐야 한다. 특히 옛 문장과 시구가 잇달아 제시되고 있어 이에 대한 정확한 파악도 필요하다.

[천교] 하늘 아래의 교만한 자들이다. ≪한서·흉노전 상≫에서는 다음과 같이 말하고 있다. "선우가 한나라의 사절로 파견되어 한나라에 다음과 같은 서신을 남겼다. '남쪽에는 거대한 한족이 있고, 북쪽에는 강한 호족이 있습니다. 호족은 하늘 아래의 교만한 자들입니다.'" 이후에 '천교'는 옛 소수민족 중 강하고 뛰어난 자들을 가리켰다. 당나라 이백의 새하곡 6수에도 "활을 구부려 한나라의 달을 쏘니, 활에 꽂힌 깃털로 천교를 부수었네."라고 하였고 왕유의 출새에서도 "성 밖에서 오래도록 거하며 천교를 제압하니, 산야에 이어진 많은 풀이 불로 탄다네."라고 하였다.

위의 직역에 비해서는 상당히 정리되었다. 그러나 역시 번역의 단계를 거치며 완성해야만 한다. 아울러 '驕'에 대한 철저한 탐색과 더불어 시구의 해석에 더욱 주의가 필요하다는 것을 알 수 있다.

[천교] 강성한 소수민족을 말한다. ≪한서·흉노전 상≫에서는 다음과 같이 서술하고 있다. "선우가 한나라의 사절로 파견되자 한나라에 다음과 같은 서신을 남겼다. '남쪽에는 거대한 한족이 있고, 북쪽에는 강한 호족이 있습니다. 호족은 세상에서 강한 민족입니다.'" 이후로 '천교'는 옛 소수민족 중 강한 민족을 가리켰다. 당나라 이백은 「변새의 노래」라는 시 제6수에서 "활을 잡고 하늘의 달을 쏘니, 활에 꽂힌 깃

털이 오랑캐를 제압했네."라고 하였고 왕유 역시 「변새로 나아가」라는 시에서 "성 밖에서 오래도록 거하며 오랑캐와 싸우니, 산과 들의 많은 풀들이 불로 타버렸네."라고 하였다.

이 문장은 단지 원문에 대한 번역의 한 예로 제시할 수 있는 표본에 불과하다. 이와 같이 정확한 번역을 진행하기 위해서는 적어도 위의 세 단계를 거치면서 자연스러운 한국어로 수정에 수정을 거듭해야만 한다.

다음의 제시문을 통해 사전류에 대한 세 단계 연습을 계속하도록 한다.

 제시문 1

【无可不可】无可或不可。形容高兴、欢喜得不知怎样才好。

wú kě bù kě: wú kě huò bù kě. Xíngróng gāoxìng、xǐhuān de bù zhī zěnyàng cái hǎo.

≪红楼梦≫ 三十七回, "老太太见了, 喜的无可不可, 见人就说,

≪Hónglóumèng≫ sān shí qī huí, "lǎo tàitài jiàn le, xǐ de wú kě bù kě, jiàn rén jiù shuō,

'到底是宝玉孝顺我, 连一枝花儿也想的到。'"

'dàodǐ shìBǎoyù xiàoshùn wǒ, lián yī zhī huār yě xiǎng de dào.'"

(≪中国成语大辞典≫ 1360면, 上海辞书出版社, 1996)

다음의 3단계를 거치면서 연습하도록 한다.

┌───┐
│ ① 직역 ☞   │
│   │
│   │
│   │
│   │
│   │
└───┘

┌───┐
│ ② 의역 ☞   │
│   │
│   │
│   │
│   │
│   │
└───┘

┌───┐
│ ③ 번역 ☞   │
│   │
│   │
│   │
│   │
│   │
└───┘

【项羽】 (前 232-前 202) 秦末下相(今江苏宿迁西南)人。

Xiàngyǔ(qián 232-qián 202) Qín mò xiàxiāng(jīn jiāngsū sùqiān xīnán)rén.

名籍, 字羽。秦二世元年(前 209)从叔父项梁起义。

Míng jí, zì yǔ. Qín èrshì yuánnián(qián 209)cóng shūfù Xiàngliáng qǐyì.

秦亡后, 自立为西楚霸王。楚汉相争中, 被刘邦击败, 在乌江自刎。

Qín wáng hòu, zìlì wéi Xīchǔ bàwáng. Chǔ Hàn xiāng zhēng zhōng, bèi Liúbāng jībài, zài Wūjiāng zìwěn.

(≪中国年谱辞典≫ 42면, 百家出版社, 1997)

다음의 3단계를 거치면서 연습하도록 한다.

① 직역 ☞

② 의역 ☞

③ 번역 ☞

【直截了当】 说话、做事爽快, 不绕弯儿。同义 '开门见山'

zhí jié liǎo dàng: shuōhuà、zuòshì shuǎngkuài, bù rào wānr. Tóngyì, 'kāi mén jiàn shān'

'单刀直入' '直抒己见' '直言不讳' '直抒胸臆' '一针见血' '一语道破'

'dān dāo zhírù' 'zhí shū jǐ jiàn' 'zhí yán bù huì' 'zhí shū xiōng yì' 'yī zhēn jiàn xuè' 'yī yǔ dào pò'

'一语破的'(以上成语指说说话爽快)。反义 '拐弯抹角' '隐晦曲折'

'yī yǔ pò de'(yǐshàng chéngyǔ zhǐ shuō shuōhuà shuǎngkuài). Fǎnyì, 'guǎi wān mò jiǎo' 'yǐn huì qū zhé'

'言不及义' '含糊其辞' '闪烁其辞' '支吾其辞' '隐约其辞' '藏头露尾'

'yán bù jí yì' 'hán hú qí cí' 'shǎn shuò qí cí' 'zhī wú qí cí' 'yǐn yuē qí cí' 'cáng tóu lù wěi'

'旁敲侧击' '指桑骂槐'(以上成语指说话不爽快)。

'páng qiāo cè jī' 'zhǐ sāng mà huái'(yǐshàng chéngyǔ zhǐ shuō shuōhuà bù shuǎngkuài)

≪同义词反义词对照辞典≫ 989면, 吉林教育出版社, 1993)

다음의 3단계를 거치면서 연습하도록 한다.

1 직역 ☞

2 의역 ☞

3 번역 ☞

4) 산문을 통한 중한번역 연습

산문이라는 형식은 독자들의 입장에서 본다면, 가장 일반적으로 용이하게 접근할 수 있는 문학형식이라고 할 수 있다. 중국의 경우, 산문은 시·사·곡·소설 이외의 문학작품으로 잡문·수필·보고나 보고 기사 등을 포괄한다. 따라서 중국어를 학습하지 않는 수요자의 입장에서 그 가독의 빈도가 높은 것이 산문이다.

먼저 제시되고 있는 예시문을 통해 산문을 파악해 나아가는 요령에 대해 순차적으로 살펴보면 다음과 같다. 특히 아래에서는 산문의 범주를 시라는 문학형식에 대립하는 것으로 한정시켜 중국의 현대 산문 중 지금까지 애독되는 작품으로 선택하였다.

 예시문 ◀背影▶[3]

我与父亲不相见已两年多了, 我最不能忘记的是他的背影。那年冬天,
Wǒ yǔ fùqīn bù xiāngjiàn yǐ liǎngnián duō le, wǒ zuì bùnéng wàngjì de shì tā
de bèiyǐng. Nà nián dōngtiān,

祖母死了, 父亲的差使也交卸了, 正是祸不单行的日子, 我从北京到徐州,
zǔmǔ sǐ le, fùqīn de chāishi yě jiāoxiè le, zhèngshì huòbùdānxíng de rìzi, wǒ cóng
Běijīng dào Xúzhōu,

打算跟着父亲奔丧回家。到徐州见着父亲, 看见满院狼藉的东西,
dǎsuàngēnzhe fùqīn bēnsāng huíjiā. Dào Xúzhōu jiànzhe fùqīn, kànjiàn mǎn yuàn
lángjí de dōngxi,

又想起祖母, 不禁簌簌地流下眼泪。父亲说:
yòu xiǎngqǐ zǔmǔ, bùjīn sùsùde liúxià yǎnlèi. Fùqīn shuō:

"事已如此, 不必难过, 好在天无绝人之路!" 回家变卖典质, 父亲还了亏空;

又借钱办了丧事。

"Shì yǐ rúcǐ, búbì nánguò, hǎozài tiān wú jué rén zhī lù!" Huíjiā biànmài diànzhì,
fùqīn huán le kuīkong. Yòu jiè qián bàn le sāngshì.

这些日子，家中光景很是 惨淡，一半为了丧事，一半为了父亲赋闲。

Zhèxiē rìzi, jiāzhōng guāngjǐng hěn shì cǎndàn, yíbàn wèile sāngshì, yíbàn wèile
fùqīn fùxián.

丧事完毕，父亲要到南京谋事，我也要回北京念书，我们便同行。

Sāngshì wánbì, fùqīn yào dào Nánjīng móushì, wǒ yě yào huí Běijīng niànshū,
wǒmen biàn tóngxíng.

---

1 직역

나는 부친과 서로 만나지 못한 지 이미 2년쯤 되었고, 나는 가장 잊을
수 없는 것이 그의 뒷모습이다. 그해 겨울, 조모께서 돌아가셨고, 부친
의 임시일자리도 후임자에게 인계하시게 되어, 마침 재앙이 겹친 날들
이었는데, 나는 북경으로부터 서주까지, 아버지를 따라 외지에서 친상
의 소식을 듣고 급히 집으로 돌아갈 예정이었다. 서주에 도착하여 부
친을 만나며, 뜰 가득 낭자한 물건들을 보자, 또 조모가 떠올랐고, 주
르르 흐르는 눈물을 금치 못했다. 부친께서 말씀하시기를 "일이 이미
이와 같으니, 슬퍼할 필요가 없고, 다행히 하늘이 사람의 길을 끊어놓
지는 않는다."라고 하셨다.

집으로 돌아가 재산을 팔아 돈을 만들고 저당을 잡혀, 부친께서는 빚을
갚았다. 또 돈을 빌려 상을 처리했다. 이러한 날들 동안에, 집안의 광경

---

3) 朱自清(1898~1948)의 대표적인 산문으로 1925년에 발표하였다.

은 매우 참담하였는데, 반은 상 때문이었고, 반은 부친의 실직 때문이었다. 상이 끝나고, 부친께서는 일자리를 찾기 위하여 남경으로 가셔야 했는데, 나도 북경으로 돌아가 공부해야 해서, 우리는 곧 동행하였다.

원문에 충실하면서 문장을 차례로 직역하였지만 어색하다. 따라서 직역의 어색함을 수정하여 의역의 단계로 넘어가야만 한다.

2 의역

나는 아버지와 서로 만나지 못한 지 이미 2년쯤 되었었는데, 내가 가장 잊을 수 없는 것은 아버지의 뒷모습이다. 그해 겨울, 할머니께서 돌아가셨고, 아버지 또한 임시일자리를 그만두시게 되어, 마침 나쁜 일들이 겹친 날들이었다. 나는 북경에서 서주까지, 아버지를 따라 외지에서 친상 소식을 듣고 급히 집으로 돌아갈 예정이었다. 서주에 도착하여 아버지를 만나, 뜰 가득히 어지럽게 흩어져 있는 물건들을 보자, 또 할머니가 떠올랐고, 주르르 흐르는 눈물을 참지 못했다. 아버지께서는 "일이 이미 이렇게 되었으니, 슬퍼할 필요 없다. 다행히 하늘이 무너져도 솟아날 구멍이 있을 게다."라고 말씀하셨다.
집으로 돌아가 물건들을 팔아 돈을 만들고 저당도 잡혀, 아버지께서는 빚을 갚으셨다. 또한 돈을 빌려 상을 치렀다. 이러한 날들은 집안의 광경이 매우 참담하였는데, 그 이유의 반은 할머니의 상 때문이었고, 또 그 이유의 반은 아버지의 실직 때문이었다. 상이 끝나고, 아버지께서는 일자리를 찾기 위하여 남경으로 가셔야 했는데, 나도 학업을 위해 북경으로 돌아가야 해서, 우리는 동행하였다.

최초의 직역보다는 상당부분 자연스럽게 발전하였다. 그러나 한국어의 정서에 부합하는 문장을 구사하기 위해서는 문장부호의 조절을 통한 임의적 문장 종료 및 접속사를 이용한 문절의 연결 등 윤문의 단계를 한 번 더 거쳐야만 한다.

3 번역

난 당시 아버지와 이미 2년을 넘게 만나지 못했다. 그리고 내가 가장 잊을 수 없는 것은 내 아버지의 뒷모습이다. 그해 겨울은 할머니께서 돌아가셨는데, 마침 아버지 또한 임시로 계시던 일자리를 그만두시게 되어, 그야말로 설상가상의 날들이었다. 나는 당시 북경에 있었고, 할머니께서 돌아가셨다는 소식에 아버지를 뒤따라 급히 집으로 달려갈 예정이었다. 서주에 도착해 아버지를 만났고, 뜰 가득 어지럽게 흩어져 있는 물건들을 보니, 할머니 생각에 왈칵 눈물이 쏟아졌다. 아버지는 "기왕 일이 이렇게 되었으니, 슬퍼하지 마라. 다행히 하늘이 무너져도 솟아날 구멍이 있다고 했다."라고 말씀하셨다.
서주로 돌아온 아버지는 이것저것들을 팔아 돈을 만들고 잡힐 것은 잡히며 빚을 갚으셨지만, 다시 또 상을 치르기 위해 돈을 빌려야만 했다. 이 당시 집안의 모습은 할머니께서 돌아가신 것과 아버지의 실직 때문에 매우 참담하였다. 상을 마치고, 아버지는 일자리를 찾기 위하여 남경으로 가셔야 했고, 나도 학업을 위해서 북경으로 돌아가야 했기 때문에, 아버지와 나는 함께 서주를 떠났다.

문장과 문장 사이의 논리를 한국어의 정서에 부합하도록 자연스럽게 연결함으로써 위의 의역에 비해 번역문이 일정 정도 정리되었음을 알 수 있다.

다음의 제시문을 통해 산문에 대한 세 단계 연습을 계속하도록 한다.

 제시문1 ◀谈酒▶ 4)

这个年头儿, 喝酒倒是很有意思的。我虽是京兆人, 却生长在东南的海边,
Zhè ge nián tóur, hējiǔ dàoshi hěn yǒuyìsi de. Wǒ suī shì Jīngzhàorén, què
shēngzhǎng zài dōngnán de hǎibiān,

是出产酒的有名地方。我的舅父和姑父家里时常做几缸自用的酒, 但我终
shì chūchǎn jiǔ de yǒumíng dìfang. Wǒ de jiùfu hé gūfu jiālǐ shícháng zuò jǐ gāng
zìyòng de jiǔ, dàn wǒ zhōng

於不知道酒是怎么做法, 只觉得所用的大约是糯米, 因为儿歌里说: "老酒
yú bù zhīdào jiǔ shì zěnme zuòfǎ, zhǐ juéde suǒ yòng de dàyuē shì nuòmǐ, yīnwèi
érgē lǐ shuō, "Lǎojiǔ

糯米做, 吃得变Nionio。" 末一字是本地叫猪的俗语。做酒的方法与器具似
nuòmǐ zuò, chī de biàn nionio." Mò yí zì shì běndì jiào zhū de súyǔ. Zuò jiǔ
de fāngfǎ yǔ qìjù sì

乎都很简单, 只有煮的时候的手法极不容易, 非有经验的工人不办, 平常做
hu dōu hěn jiǎndān, zhǐyǒu zhǔ de shíhou shǒufǎ jí bù róngyì, fēi yǒu jīngyàn
de gōngrén bú bàn, píngcháng zuò

酒的人家大抵聘请一个人来, 俗称'酒头工', 以自己不能喝酒者为最上, 叫
jiǔ de rénjiā dàdǐ pìnqǐng yí ge rén lái, súchēng 'jiǔtóugōng', yǐ zìjǐ bùnéng hējiǔ
zhě wéi zuìshàng, jiào

他专管鉴定煮酒的时节。
tā zhuānguǎn jiàndìng zhǔ jiǔ de shíjié.

---

4) 周作人(1885~1967)의 산문으로 1926년에 발표한 작품이다.

다음의 3단계를 거치면서 연습하도록 한다.

① 직역 ☞

② 의역 ☞

③ 번역 ☞

我想起了几个老人:

Wǒ xiǎngqǐ le jǐ ge lǎorén,

首先出现在我记忆里的是外祖母家的一个老仆。

shǒuxiān chūxiàn zài wǒ jìyì lǐ de wàizǔmǔ jiā de yíge lǎopú.

我幼时常寄居在外祖母家里。

Wǒ yòushí cháng jìjū zài wàizǔmǔ jiālǐ.

那是一个巨大的古宅, 在苍色的山岩的脚下。

Nà shì yíge jùdà de gǔzhái, zài cāngsè de shānyán de jiǎoxià.

宅後一片竹林, 鞭子似的 多节的竹根从墙垣间垂下来。

Zhái hòu yípiàn zhúlín, biānzi shìde duōjié de zhúgēn cóng qiángyuán jiān chuí xiàlái.

下面一个遮满浮萍的废井, 已成了青蛙们最 好的隐居地方。

Xiàmiàn yíge zhēmán fúpíng de fèijǐng, yǐ chéng le qīngwāmen zuì hǎo de yǐnjū dìfang.

我怯惧那僻静而又感到一种吸引, 因为在那几乎没有人迹的

Wǒ qièjù nà pìjìng ér yòu gǎndào yìzhǒng xīyǐn, yīnwèi zài nà jīhū méiyǒu rénjì de

草径间蝴蝶的彩翅翻飞着, 而且有着别处罕见的红色和绿色的蜻蜓。

cǎojìng jiān húdié de cǎichì fānfēi zhe, érqiě yǒu zhe biéchù hǎnjiàn de hóngsè hé lǜsè de qīngtíng.

我 自己也就和那些无人注意的草木一样静静地生长。这巨大的古宅仅有四个

Wǒ zìjǐ yě jiù hé nàxiē wúrén zhùyì de cǎomù yíyàng jìngjìng de shēngzhǎng.

Zhè jùdà de gǔzhái jǐnyǒu sìge

主人: 外祖母是很老了; 外祖父更常在病中; 大的舅舅在县城中学里; 只比

zhǔrén. Wàizǔmǔ shì hěn lǎo le. Wàizǔfù gèng cháng zài bìngzhōng. Dà de jiùjiu

zài xiànchéng zhōng xuélǐ. Zhǐ bǐ

我长两岁的第二个舅舅却喜欢跑出门去和一些野孩子玩。

wǒ zhǎng liǎng suì de dì èr ge jiùjiu què xǐhuan pǎo chūmén qù hé yìxiē yěháizi wán.

---

5) 何其芳(1912~1977)이 1937년에 발표한 산문이다.

다음의 3단계를 거치면서 연습하도록 한다.

　1　직역 ☞

　2　의역 ☞

　3　번역 ☞

昨晚月光一样的太阳照在兆丰公园的园地上。

Zuówǎn yuèguāng yíyàng de tàiyáng zhào zài Zhàofēnggōngyuán de yuándì shàng.

一切的树木都在赞美自己的幽闲。

Yíqiè de shūmù dōu zài zànměi zìjǐ de yōuxián.

白的蝴蝶, 黄的蝴蝶, 在麝香豌豆的花丛中翻飞, 把麝香豌豆的蝶形

Bǎi de húdié, huáng de húdié, zài Shèxiāngwāndòu de huācóng zhōng fānfēi, bǎ

Shèxiāngwāndòu de diéxíng

花当作了自己的姐妹。你看它们飞去和花唇亲吻, 好像在催促着说: "姐姐

huā dāngzuò le zìjǐ de jiěmèi. Nǐ kàn tāmen fēiqù hé huāchún qīnwěn, hǎoxiàng

zài cuīcù zhe shuō, "Jiějie

妹妹们, 飞罢, 飞罢, 莫尽站在枝头, 我们一同飞罢。

mèimeimen, fēibà, fēibà, mò jǐn zhàn zài zhītóu, wǒmen yìtóng fēibà.

阳光是这么和暖的, 空气是这么芬芳的。"

Yángguāng shì zhème hénuǎn de, kōngqì shì zhème fēnfāng de."

但是花们又是在枝上摇头。

Dànshì huāmen yòushì zài zhīshàng yáotóu.

在这个背景之中, 我坐在一株桑树脚下读泰戈尔的英文诗。

zài zhè ge bèijǐng zhī zhōng, wǒ zuò zài yìzhū sāngshù jiǎoxià dú Tàigē'ěr de

Yīngwén shī.

读到了他一首诗, 说他清晨走入花园, 一位盲目的女郎赠了他一只花圈。

Dúdào le tā yìshǒu shī, shuō tā qīngchén zǒurù huāyuán, yíwèi mángmù de

nǚláng zèng le tā yìzhī huāquān.

我觉悟到他这是一个象徵，这盲目的女郎便是自然的美。

Wǒ juéwùdào tā zhè shì yíge xiàngzhēng, zhè mángmù de nǚláng biàn shì zìrán de měi.

---

6) 郭沫若(1892〜1978)이 1923년에 발표한 산문이다.

다음의 3단계를 거치면서 연습하도록 한다.

⟦1⟧ 직역 ☞

⟦2⟧ 의역 ☞

⟦3⟧ 번역 ☞

5) 대중가요를 통한 중한번역 연습

어떠한 외국어에 접근하여 그것과 가까워지는 경로는 다양하다. 회화나 강독 관련 교재들을 첫 페이지부터 한 장 한 장 성실하게 학습하여 그것이 쌓이고 또 현실에 활용되는 과정을 겪다가 그 언어에 정통하게 되는 방법이 가장 일반적인 외국어 정복의 왕도라면, 우연히 그 언어와 관련된 가요를 듣다가 해당 언어에 심취하게 되어 기본 과정은 생략한 채 애착을 가지고 무조건 수용하다 그 실력이 발전했다는 이야기도 종종 듣게 되는 혹자가 경험한 한 외국어 완성의 성공담이다. 대부분이 전자의 방법을 선택할 것으로 예상하지만 후자의 방법 역시 그 언어와 가까워지는 중요한 수단이 되고 있다는 것을 알 수 있다.

따라서 대중가요를 통해 그 의미를 정확히 파악하고 노력하는 과정 역시 독해와 해석을 넘어 번역의 단계로 지향하는 데 있어 훈련의 적절한 매개가 될 수 있을 것이다.

중국어에 대한 학습의 과정도 마찬가지이다.

먼저 하단에 소개된 예시문을 통해 대중가요의 문장들을 번역해 나아가는 요령에 대해 단계적으로 살펴보면 다음과 같다.

傲气面对万重浪

ào qì miàn duì wàn chóng làng

热血像那红日光

rè xuě xiàng nà hóng rì guāng

胆似铁打骨如精钢

dǎn sì tiě dǎ gǔ rú jīng gāng

胸襟百千丈

xiōng jīn bǎi qiān zhàng

眼光万里长

yǎn guāng wàn lǐ cháng

我发奋图强做好汉

wǒ fā fèn tú qiáng zuò hǎo hàn

做个好汉子每天要自强

zuò gè hǎo hàn zi měi tiān yào zì qiáng

热血男儿汉比太阳更光

rè xuě nán ér hàn bǐ tài yáng gēng guāng

让海天为我聚能量

ràng hǎi tiān wèi wǒ jù néng liáng

去开天辟地

qù kāi tiān bì dì

为我理想去闯

wèi wǒ lǐ xiǎng qù chuǎng

看碧波高壮

kàn bì bō gāo zhuàng

又看碧空广活浩气扬

yòu kàn bì kōng guǎng kuò hào qì yáng

我是男儿当自强

wǒ shì nán ér dāng zì qiáng

昂步挺胸大家作栋梁做好汉

áng bù tǐng xiōng dà jiā zuò dòng liáng zuò hǎo hàn

用我百点热照出千分光

yòng wǒ bǎi diǎn rè zhào chū qiān fēn guāng

做个好汉子

zuò gè hǎo hàn zi

热血热肠热比太阳更光

rè xuě rè cháng rè bǐ tài yáng gēng guāng

1 직역

남자는 마땅히 강해야만 한다(황비홍 주제가)

오기는 만 근의 물결과 맞서고
뜨거운 피는 저 태양처럼 빛난다.
담력은 무쇠와 같고 뼈는 강철과 같다.
흉금은 백천 장

눈빛은 만 리

난 떨치고 일어나 강한 것을 도모하여 강한 남자가 될 것이다.

강한 남자 된다 해도 매일 스스로 강해져야 한다.

피가 끓는 남자는 태양보다 더 빛난다.

하늘과 바다로 하여금 나를 위해 힘을 모아 달라고 하여

가서 천지개벽을 시킬 것이다.

내 이상을 위해 뛰어들 것이다.

푸른 물결의 웅장함을 보면서

또 푸른 하늘의 광활함을 보면서 큰 기운을 떨칠 것이다.

난 남자이니 마땅히 스스로 강해져야 할 것이다.

힘찬 걸음으로 가슴을 펴고 모든 이들의 기둥 되는 강한 남자가 될 것이다.

나의 모든 열정으로 모든 빛을 발할 것이다.

강한 남자가 될 것이다.

뜨거운 피와 끓는 몸으로 태양보다 더욱 빛날 것이다.

이는 철저한 직역이다. 이뿐만 아니라 위의 내용이 가사라는 것을 감안한다면, 의역을 해야 하는 것은 당연하다.

② 의역

강한 남자(황비홍 주제가)

오기는 만 근의 물결과 맞서고

뜨거운 피는 저 태양처럼 빛난다.

담력은 무쇠와 같고 뼈는 강철과 같다.

흉금의 높이는 수백 수천 장

눈빛의 거리는 만 리

난 떨치고 일어나 강한 것을 도모하여 강한 남자가 되리라.

강한 남자 된다 해도 매일 스스로 강해져야 하리라.

피가 끓는 남자는 태양보다 더 빛나리니

하늘과 바다로 하여금 나를 위해 힘을 모아 달라고 하여

가서 천지개벽을 시키리.

내 이상을 위해 뛰어들리라.

푸른 물결의 웅장함을 보면서

또 푸른 하늘의 광활함을 보면서 큰 기운을 떨치리라.

난 남자이니 마땅히 스스로 강해져야 하리라.

힘찬 걸음으로 가슴을 펴고 모든 이들의 기둥 되는 강한 남자가 되리라.

나의 모든 열정으로 모든 빛을 발하리라.

강한 남자가 되리라.

뜨거운 피와 끓는 몸으로 태양보다 더욱 빛나리라.

　이는 직역을 정리한 것이기는 하지만 여전히 가사라는 특성에는 접근하지 못하고 있다. 역시 다음의 번역 단계를 통해 마무리를 지어야 한다.

대장부(황비홍 주제가)

패기는 만 근의 물결과 맞서고

뜨거운 피 저 태양과 함께 빛난다.

무쇠 같은 담력 강철 같은 뼈

가슴에는 거대한 포부

만 리를 바라보는 눈빛

떨쳐 일어나 대장부 되리라.

대장부 되어도 매일 다시 강해져야 하리라.

피가 끓는 대장부 태양보다 더 빛나리니

천지여 날 위해 힘을 모아 주소서.

내 가서 천지개벽시키리라.

내 꿈을 위해 뛰어들리라.

시퍼런 물결의 웅장함을 보며

푸른 하늘의 광활함을 보며 기세를 떨치리라.

난 남자로 마땅히 스스로 강해져야 하리니

힘찬 걸음으로 가슴을 펴고 모든 이의 기둥 되는 대장부 되리라.

내 넘치는 열정으로 모든 빛을 발하리라.

대장부 되리라.

끓는 피와 끓는 몸으로 태양보다 더 빛나리라.

이 역시 정답은 아니며, 예시문에 대한 번역의 한 예로 활용할 수 있을 뿐이다.

그러나 이와 같은 단계를 밟아 한 걸음 한 걸음 나아가며 번역을 완성해야 한다.
제시문을 통해 연습을 계속하도록 한다.

 제시문1 ◀倩女幽魂(张国荣)▶

人生是梦如路长

rén shēng shì mèng rú lù cháng

让那风霜风霜留面上

ràng nà fēng shuāng fēng shuāng liú miàn shàng

红尘里美梦有多少方向

hóng chén lǐ měi mèng yǒu duō shǎo fāng xiàng

找痴痴梦幻的心爱

zhǎo chī chī mèng huàn de xīn ài

路随人茫茫

lù suí rén máng máng

人生是梦的延长

rén shēng shì mèng de yán cháng

梦里依稀依稀有泪光

mèng lǐ yī xī yī xī yǒu lèi guāng

何从何去

hé cóng hé qù

觅我心中方向

mì wǒ xīn zhōng fāng xiàng

风悠悠在梦中轻叹

fēng yōu yōu zài mèng zhōng qīng tàn

路和人茫茫

lù hé rén máng máng

人间路快乐少年郎

rén jiān lù kuài lè shào nián láng

在那崎岖崎岖中看阳光

zài nà qí qū qí qū zhōng kàn yáng guāng

红尘里快乐有多少方向

hóng chén lǐ kuài lè yǒu duō shǎo fāng xiàng

一丝丝像梦的风雨

yī sī sī xiàng mèng de fēng yǔ

路随人茫茫

lù suí rén máng máng

一丝丝像梦的风雨

yī sī sī xiàng mèng de fēng yǔ

路随人茫茫

lù suí rén máng máng

다음의 3단계를 거치면서 연습하도록 한다.

① 직역 ☞

② 의역 ☞

③ 번역 ☞

想走出你控制的领域

xiǎng zǒu chū nǐ kòng zhì de lǐng yù

却走进你按排的战局

què zǒu jìn nǐ ān pái de zhàn jú

我没有坚强的防备

wǒ méi yǒu jiān qiáng de fáng bèi

也没有后路可以退

yě méi yǒu hòu lù kě yǐ tuì

想逃离你布下的陷阱

xiǎng táo lí nǐ bù xià de xiàn jǐng

却陷入了另一个困境

què xiàn rù le lìng yī gè kùn jìng

我没有决定输赢的勇气

wǒ méi yǒu jué dìng shū yíng de yǒng qì

也没有逃脱的幸运

yě méi yǒu táo tuō de xìng yùn

我像是一颗棋

wǒ xiàng shì yī kē qí

进退任由你决定

jìn tuì rèn yóu nǐ jué dìng

我不是你眼中唯一将领

wǒ bù shì nǐ yǎn zhōng wéi yī jiāng lǐng

却是不起眼的小兵

què shì bù qǐ yǎn de xiǎo bīng

我像是一颗棋子

wǒ xiàng shì yī kē qí

来去全不由自己

jìn tuì rèn yóu nǐ jué dìng

举手无回你从不曾犹豫

jǔ shǒu wú huí nǐ cóng bù céng yóu yù

我却受控在你手里

wǒ què shòu kòng zài nǐ shǒu lǐ

다음의 3단계를 거치면서 연습하도록 한다.

☐1 직역 ☞

☐2 의역 ☞

☐3 번역 ☞

在每一天

zài měi yī tiān

我在彷徨

wǒ zài páng huáng

每日每夜我在流浪

měi rì měi yè wǒ zài liú láng

多么想找到

duō me xiǎng zhǎo dào

愿意相随的人

yuàn yì xiāng suí de rén

教我心不再飘泊

jiào wǒ xīn bù zài piāo bó

希望等到你的来临

xī wàng děng dào nǐ de lái lín

轻轻地说接受了我

qīng qīng di shuō jiē shòu liao wǒ

让我知道我看着的人

ràng wǒ zhī dào wǒ kàn zhe de rén

承诺的一切永不改变

chéng nuò de yī qiē yǒng bù gǎi biàn

多少希望多少梦

duō shǎo xī wàng duō shǎo mèng

都因孤寂的感觉

dōu yīn gū jì de gǎn jué

就算希望多飘渺

jiù suàn xī wàng duō piāo miǎo

它却能够令我走向未来

tā què néng gòu lìng wǒ zǒu xiàng wèi lái

다음의 3단계를 거치면서 연습하도록 한다.

① 직역 ☞

② 의역 ☞

③ 번역 ☞

6) 드라마대본을 통한 중한번역 연습

드라마는 TV 등의 매체를 통해 방송되는 극으로 모두 그 대본을 가지고 있다. 현재 한국의 드라마는 중국에서 대단한 성황을 이루고 있는데, 이전부터 지금까지 계속되고 있는 '한류열풍'이 이러한 상황을 잘 말해준다. 중국인들은 한국 드라마의 제재와 전개가 가지는 이색적인 특성에 주목하고 있는데, 대본에 따라 차이를 보이기도 하지만 기본적으로 드라마대본은 그 대부분이 구어로 이루어지고 있음을 명심하며 한 단계 한 단계 번역해 나가야 할 것이다.

아래의 예시문과 제시문에서 발췌한 대본들은 최근 한국과 중국에서 절찬을 받으며 방영되었던 작품들이다. 우선 하단에 소개되고 있는 예시문을 통해 드라마대본 속의 문장들을 3단계로 번역해 나아가는 요령에 대해 살펴보면 다음과 같다.

예시문 ◀就像美丽蝴蝶飞▶[7]

[2003年7月韩国首尔, 中国福临公司首尔明洞新产品时装展示会]
Èr líng líng sān nián qī yuè Hánguó Shǒu'ěr, Zhōngguó Fúlín gōngsī Shǒu'ěr
Míngdòng xīn chǎnpǐn shízhuāng zhǎnshìhuì

智秀: 好了就这样。
Zhìxiù: Hǎo le jiù zhè yàng.

帮人: 总监, 到这里照顾一下。
bāngrén: Zǒngjiān, dào zhè lǐ zhàogù yíxià.

智秀: 这个扣子, 需要钉一下。
Zhìxiù: Zhè ge kòuzi, xūyào dìng yíxià.

　　大家快一点啊。

Dàjiā kuài yìdiǎn a.

好，就这样。

Hǎo, jiù zhè yàng.

来，我看一下，转过去。

Lái, wǒ kàn yíxià, zhuǎn guòqù.

哎呀，头发太乱了。

Āiyā, tóufa tài luàn le.

把头发整理一下好吗?

Bǎ tóufa zhěnglǐ yíxià hǎo ma?

好啊，快点整理，辛苦了啊。

Hǎo a, kuài diǎn zhěnglǐ, xīnkǔ le a.

快点，抓紧时间哪。

Kuài diǎn, zhuājǐn shíjiān na.

***

【首尔东大门市场】

Shǒuěr Dōngdàmén shìchǎng

智秀: 大叔，再便宜一点嘛。

Zhìxiù: Dàshū, zài piányi yìdiǎn ma.

老板: 不行啊，价砍得也太多了。

lǎobǎn: Bùxíng a, jià kǎn de yě tài duō le.

砍了一半呢，我就要赔死了。

Kǎn le yíbàn ne, wǒ jiù yào péi sǐ le.

(www.chinesestudy.com)

---

7) 이 작품은 '동대문시장에서 의상디자이너로 활동하고 있는 지수의 이야기'이다.

1 직역

[2003년 7월 한국 서울, 중국 푸린궁쓰의 서울 명동 신상품 유행복 전시회]

지수: 좋아요. 이렇게······.

도우미: 총감독님! 여기 오셔서 한번 봐주세요.

지수: 이 단추를 한번 달아주어야겠어요.

　　　모두 좀 서두르세요.

　　　좋아요. 이렇게요.

　　　자! 내가 한번 볼게요. 돌아봐요.

　　　아이고! 머리가 너무 어지러워요.

　　　머리를 한번 정리하는 것이 낫겠죠?

　　　좋아요. 좀 빨리 정리하세요. 고생하세요.

　　　좀 서두르세요. 시간이 급해요.

***

[서울 동대문시장]

지수: 아저씨! 더 좀 싸게 주세요.

주인: 안 돼요. 가격을 깎는 것이 너무 심해.

　　　반이나 깎으면, 난 곧 엄청 손해를 봐요.

이상은 직역이다. 위의 내용이 일상의 구어로 이루어진 대본이라는 점을 감안한다면, 반드시 의역의 단계를 거치며 수정해야만 한다.

2 의역

[2003년 7월 한국의 서울, 중국 푸린궁쓰의 서울 명동 신상품 뉴패션 전시회]

지수: 좋아요. 그렇게……

도우미: 총감독님! 여기 오셔서 좀 봐주세요.

지수: 이 단추를 좀 달아주어야겠어요.

　　　 모두 좀 서두르세요.

　　　 좋아요! 그렇게……

　　　 자! 내가 좀 볼게요. 돌아봐요.

　　　 아휴! 머리가 너무 엉망이에요.

　　　 머리를 좀 정리하세요. 알겠죠?

　　　 좋아요. 좀 빨리 정리하세요. 고생하세요.

　　　 서두르세요. 시간이 급해요.

　　　 ***

[서울 동대문시장]

지수: 아저씨! 더 싸게 주세요.

주인: 안 돼요. 가격을 깎는 것도 분수가 있지.

　　　 반이나 깎으면, 난 곧 문 닫아야 해요.

이는 직역을 정리한 것이다. 그러나 여전히 드라마 속에서 대사를 통해 재현되어야 하는 완전한 구어에는 접근하지 못하고 있다. 따라서 역시 다음의 번역 단계를 통해 마무리가 되어야만 한다.

3 번역

[2003년 7월 한국의 서울, 중국의 푸린궁쓰가 서울 명동에서 열고 있
는 신상품 패션쇼]

지수: 좋아요. 그렇게…….

도우미: 감독님! 여기 오셔서 좀 봐주세요.

지수: 이 단추를 달아주어야겠어요.

　　모두 서둘러요.

　　좋습니다! 그렇게…….

　　자! 봐줄게요. 돌아봐요.

　　아휴! 머리가 너무 헝클어졌어요.

　　머리 좀 정리하세요. 알겠죠?

　　네! 좀 서둘러요. 수고하세요.

　　서두르세요. 시간이 없어요.

　　***

[서울의 동대문시장]

지수: 아저씨! 더 싸게 해주세요.

주인: 안 돼요. 가격을 깎는 것도 정도가 있지.

　　반이나 깎아 달라면, 난 망해요.

이것이 위의 문장에 대한 절대적인 답은 아니다. 단지 원문에 대한 정답으로 제
시할 수 있는 하나의 예시일 뿐이다. 결국 중요한 것은 해당 문장의 특징을 염두하
며 이와 같이 한 단계 한 단계 단계에 따라 번역을 완성해 나아가는 한다는 것이다.
다음의 제시문을 통해 연습을 계속하도록 한다.

웨딩플래너인 이판(依凡)은 아침에 일어나 돌고래 인형인 뿌뿌
(布布)에게 자신이 꿈에서 남자친구인 샤오강(小刚)과 결혼한 내
용에 대해 말해주는데…….

依凡: 布布, 早啊?

Yīfán: Bùbù, zǎo a?

你知道吗?

Nǐ zhīdào ma?

我刚刚做了一个梦, 我梦到, 和小刚结婚了哎。

Wǒ gānggāng zuò le yíge mèng, wǒ mèngdào, hé Xiǎogāng jiéhūn le ai.

那婚礼怎么样啊?

Nà hūnlǐ zěnmeyàng a?

当然很棒啦!

Dāngrán hěn bàng la.

我自己是婚礼公司的设计人。

Wǒ zìjǐ shì hūnlǐ gōngsī de shèjìrén.

怎么可以让自己的婚礼, 平平凡凡的啊?

Zěnme kěyi ràng zìjǐ de hūnlǐ, píngpíngfánfán de a?

真希望小刚能够赶快和我去巴厘岛。

Zhēn xīwàng Xiǎogāng nénggòu gǎnkuài hé wǒ qù Bālídǎo.

当然是去巴厘岛咯。

Dāngránshì qù Bālídǎo luo.

因为只有去巴厘岛, 才会看到跟布布一样海豚哪。

Yīnwèi zhǐyǒu qù Bālídǎo, cái huì kàndào gēn Bùbù yíyàng hǎitún na.

***

依凡: 瑶瑶, 大家都准备好了的话, 就叫他们到甲板上来, 好。

Yīfán: Yáoyáo, dàjiā dōu zhǔnbèihǎo le de huà, jiù jiào tāmen dào jiǎbǎn shàng lái, hǎo.

同事: 依凡姐, 依凡姐。

tóngshì: Yīfán jiě, Yīfán jiě.

依凡: 大家都就位了。

Yīfán: Dàjiā dōu jiù wèi le.

小可负责花架, 李亮负责银幕放映机, 灯光, 豆妹负责。

Xiǎokě fùzé huājià, Lǐliàng fùzé yínmù fàngyìngjī, dēngguāng, Dōumèi fùzé.

(www.chinesestudy.com)

---

8) 이 작품은 '웨딩플래너인 독신여성과 방송국 앵커 사이의 사랑이야기'이다.

다음의 3단계를 거치면서 연습하도록 한다.

1 직역 ☞

2 의역 ☞

3 번역 ☞

시각장애를 가진 징징(晶晶)은 지하철에서 소매치기를 당하게 되

지만 마침 이곳을 지나던 윈샹(云翔)이 가방을 찾아주는데……

晶晶: 我是傅晶晶。

Jīngjīng: Wǒ shì Fùjīngjīng.

不知道大家有没有留意, 每天上班下班时候自己身边经过的人?

Bù zhīdào dàjiā yǒu méiyǒu liúyì, měitiān shàngbānxiàbān shíhòu jìzǐ

shēbiān jīngguò de rén?

他们此刻是你的陌生人。

Tāmen cǐkè shì nǐmen de mòshēngrén.

可能在下一刻, 他们就是你生命中, 最亲近不可失去人。

Kěnéng zài xiàyíkè, tāmen jiùshì nǐ shēngmíng zhōng, zuì qīnjìn bùkě

shīqù rén.

***

云翔: 黑暗并不可怕, 因为我早已习惯。

Yúnxiáng: Hēi'àn bìng bùkěpà, yīnwèi wǒ zǎo yǐ xíguàn.

***

晓晨: 云翔。

Xiǎochén: Yúnxiáng.

云翔: 晓晨。

Yúnxiáng: Xiǎochén.

晓晨: 你画完了?

Xiǎochén: Nǐ huà wán le?

云翔: 还没呢, 太累了, 回家睡一会。

Yúnxiáng: Hái méi ne, tài lèi le, huíjiā shuì yíhuì.

晓晨: 那这个早餐呢?

Xiǎochén: Nà zhè ge zǎocān ne?

云翔: 我带走吃吧。

Yúnxiáng: Wǒ dài zǒu chī ba.

晓晨: 嗯。

Xiǎochén: Èng.

云翔: 谢了。

Yúnxiáng: Xiè le.

晓晨: 哎, 云翔。外面下雨了, 带把伞吧。

Xiǎochén: Āi, Yúnxiáng. Wàimiàn xiàyǔ le, dài bǎ sǎn ba.

云翔: 哦, 好啊。

Yúnxiáng: Ǒ, hǎo a.

云翔: 拜拜。

Yúnxiáng: Bàibai.

晓晨: 拜拜。

Xiǎochén: Bàibai.

***

乘客1: 哎呀, 又要迟到了, 被老师骂死。

chéngkè yī: Āiyā, yòu yào chídào le, bèi lǎoshī mà sǐ.

乘客2: 哎呀, 就说天突然下大雨, 挤公车的人都到地铁里来了。

chéngkè èr: Āiyā, jiù shuō tiān tūrán xià dàyǔ, jǐ gōngchē de rén dōu dào dìtiě

　　　　　 lǐ lái le.

乘客3: 还可以说列车出了故障这不就行了。

chéngkè sān: Háikěyi shuō lièchē chū le gùzhàng zhè bú jiù xíng le.

乘客2: 就是嘛，管他呢。

chéngkè èr: Jiùshì ma, guǎn tā ne.

广播: 列车已进站，要上车的乘客请准备了。请乘客们先下后上。

guǎngbō: Lièchē yǐ jìn zhàn, yào shàngchē de chéngkè qǐng zhǔnbèi le. Qǐng
        chéngkèmen xiān xià hòu shàng.

小偷: 哎呀，当心当心，你没事吧?

xiǎotōu: Āiyā, dāngxīn dāngxīn, nǐ méi shì ba?

乘客4: 妈妈，我放学后要到公园玩。

chéngkè sì: Māma, wǒ fàngxué hòu yào dào gōngyuán wán.

乘客5: 哎呀，不行啊，爸爸今天会早下班，妈妈必须早一点回去准备晚饭。

chéngkè wǔ: Āiyā, bùxíng a, bàba jīntiān huì zǎo xiàbān, māma bìxū zǎo yìdiǎn
        huíqù zhǔnbèi wǎnfàn.

(www.chinesestudy.com)

---

9) 이 작품은 '시각장애를 가진 한 여성의 사랑 이야기'를 다룬 감성적인 드라마이다.

다음의 3단계를 거치면서 연습하도록 한다.

① 직역 ☞

② 의역 ☞

③ 번역 ☞

잊을 수 없는 그날들. 그리고 그녀와 함께했던 아름다운 추억들.

그 과거들이 모두 이미 추억이 되었다고 생각했는데, 눈앞에 그

추억들이 다시 현실로 펼쳐지고…….

男子: 每个人心中都有一段难忘的回忆。

Nánzi: Měi ge rén xīnzhōng dōu yǒu yíduàn nánwàng de huíyì.

那段回忆如果发生在夏天的话, 更令人难忘。

Nà duàn huíyì rúguǒ fāshēng zài xiàtiān de huà, gèng lìngrén nánwàng.

女子: 还没好啊? 快热死了啦。

Nǚzi: Hái méi hǎo a? Kuài rèsǐ le la.

喂, 剥冰好了没? 剥冰好了没?

Wèi, bāobīng hǎo le méi? Bāobīng hǎo le méi?

男子: 帮个忙!

Nánzi: Bāng ge máng!

女子: 好多冰好凉哦!

Nǚzi: Hǎoduō bīng hǎoliáng ǒ!

男子: 别这样!

Nánzi: Bié zhèyàng!

***

儿子: 好了。裕二, 早餐好了。吃早餐了。

érzi: Hǎo le. Yùèr, zǎocān hǎo le. Chī zǎocān le.

父亲: 你先吃吧。我还要赶工呢。

fùqīn: Nǐ xiān chī ba. Wǒ hái yào gǎn gōng ne.

儿子: 赶哪里的?

érzi: Gǎn nǎli de?

父亲: 车站前新开那家美容院, 昨天晚上突然送过来。

fùqīn: Chēzhàn qián xīn kāi nà jiā měiróngyuàn, zuótiān wǎnshàng tūrán sòng guòlái.

拜托我早上九点以前一定要弄好。

Bàituō wǒ zǎoshàng jiǔdiǎn yǐqián yídìng yào nònghǎo.

儿子: 推掉就好了嘛。

érzi: Tuīdiào jiù hǎo le ma.

父亲: 现在这么不景气谁敢摆臭架子。

fùqīn: Xiànzài zhème bùjǐngqì shéi gǎn bǎi chòu jiàzǐ.

儿子: 抱歉。抱歉。我没时间了。我要先吃了。开动。

érzi: Bàoqiàn. Bàoqiàn. Wǒ méi shíjiān le. Wǒ yào xiān chī le. Kāidòng.

弟弟: 哥早!

dìdi: Gē zǎo!

哥哥: 早!

gēge: zǎo!

弟弟: 又吃纳豆跟煎蛋啊!

dìdi: Yòu chī Nàdòu gēn jiāndàn a!

哥哥: 不想吃你自己做。

gēge: Bùxiǎng chī nǐ zìjǐ zuò.

惨了。我出门了。

Cān le. Wǒ chūmén le.

弟弟: 你东西忘了。

dìdi: Nǐ dōngxi wàng le.

---

10) 대학 때 사귀었던 남녀가 사회에서 재회하며 일어나는 갈등과 사랑을 그린 작품이다.

다음의 3단계를 거치면서 연습하도록 한다.

☐ 직역 ☞

② 의역 ☞

③ 번역 ☞

7) 영화대본을 통한 중한번역 연습

앞서 살펴본 드라마와 같이 영화 역시 대본을 가지고 있다. 특히 영화의 대본은 드라마의 대본처럼 화면 속에서 대사를 통해 소진되는 것이 아니고, 그것이 자막으로 처리되므로 각별히 유의해야 한다. 한 장면에 번역된 전체의 글자 수가 14~15자를 넘어서는 안 되는데, 지나치게 자세히 번역하여 자막으로 처리되는 글자 수가 많아질수록 관객들은 글자를 통한 내용 파악에 주력하게 되고, 이로 인해 영상을 간과하게 될 수 있기 때문이다. 따라서 영화대본의 번역은 처음의 직역과 의역이 자세하다 할지라도 최종적으로 영상을 보면서 핵심 내용에 따라 대사를 간단하게 정리하는 작업으로 마무리해야 할 것이다.

먼저 다음에 소개되는 예시문을 통해 영화대본의 문장들을 단계적으로 번역해 나아가는 요령에 대해 살펴보면 다음과 같다.

 예시문 ◀饮食男女▶

(새벽, 주스푸의 집)

朱师傅: 妹妹, 妹妹, 快六点啊! 起来啊, 懒骨头。

Zhūshīfu: Mèimei, mèimei, kuài liùdiǎn a! Qǐlái a, lǎngǔtou.

(자쳰의 방으로 가서, 자쳰이 책상에 엎드려 자는 모습을 보는 주스푸)

朱师傅: 家倩, 起来啊! 跟你说老是不听, 又在卓子上睡成这个样子。这种姿势对身体不好, 你知道吗?

Zhūshīfu: Jiāqiàn, qǐlái a! Gēn nǐ shuō lǎoshi bùtīng, yòu zài zhuōzi shàng shuìchéng zhè ge yàngzi. Zhè zhǒng zīshì duì shēntǐ bùhǎo, nǐ zhīdào ma?

家倩: 医生说慢跑对你背不好, 你怎么不听?

Jiāqiàn: Yīshēng shuō mànpǎo duì nǐ bèi bùhǎo, nǐ zěnme bùtīng?

　　(주스푸가 조깅하는 모습이 보이고, 정류장에서 등교하는 산산)

朱师傅: 珊珊。

Zhūshīfu: Shānshān.

珊珊: 朱爷爷早!

Shānshān: Zhū yéye zǎo!

朱师傅: 早, 上学去啊! 怎么在这儿吃早点儿呢?

Zhūshīfu: Zǎo, shàngxué qù a! Zěnme zài zhèr chī zǎodiǎnr ne?

珊珊: 到学校要早自习就来不及吃了。看, 这是你昨天做的汤包。不过
　　　妈妈已经把里面的汤全部挤出来了。免得我吃得两手油油的。

Shānshān: Dào xuéxiào yào zǎozìxí jiù láibùjí chī le. Kàn, zhè shì nǐ zuótiān zuò
　　　　　de tāngbāo. Búguò māma yǐjīng bǎ lǐmiàn de tāng quánbù jǐ chūlái
　　　　　le. Miǎnde wǒ chī liǎng shǒu yóu yóu de.

朱师傅: 中午到我家, 我做饭给你吃。

Zhūshīfu: Zhōngwǔ dào wǒ jiā, wǒ zuòfàn gěi nǐ chī.

珊珊: 今天上整天。

Shānshān: Jīntiān shàng zhěngtiān.

朱师傅: 上整天? 你的便当呢?

Zhūshīfu: Shàng zhěngtiān? Nǐ de biàndāng ne?

　　(버스가 오고 있는데 돈을 꺼내 보이는 산산)

珊珊: 公车来了!

Shānshān: Gōngchē lái le!

乘客: 不要挤啊!

chéngkè: búyào jǐ a!

　　(자전이 수업을 하고 있는 학교, 자전이 칠판 위에 글씨를 쓰며
　　수업을 하고 있는데, 한 남학생이 졸고 있다.)

家珍: 典型元素的这个价电子数, 等於它的族数。价电子数等於族数哦!
　　都懂喔! 好, 我们现在再回来看看。我们刚所写的周期素, 上面都
　　是A族元素。1A族, 2A族, 3A族。

Jiāzhēn: Diǎnxíng yuánsù de zhège jiàdiànzǐshù, děngyú tā de zúshù. Jiàdiànzǐshù
　　　　děngyú zúshù ó! Dōu dǒng ò! Hǎo, wǒmen xiànzài zài huílái kànkan.
　　　　Wǒmen gāng suǒ xiě de zhōuqīsù, shàngmiàn dōushì A zú yuánsù. Yì A
　　　　zú, èr A zú, sān A zú.

　　(졸던 남학생이 '쾅' 하고 머리를 책상에 부딪치자, 학생들이 모두 웃
　　는다.)

家珍: 专心一点! 4A族, 5A族, 6, 7, 8。好, 我们用红色的, 我们来看看。
　　1A族的离……。

Jiāzhēn: Zhuānxīn yìdiǎn! Sì A zú, wǔ A zú, liù, qī, bā. Hǎo, wǒmen yòng
　　　　hóngsè de, wǒmen lái kànkan. Yī A zú de lí…….

　　(운동장으로부터 배구공이 교실 안으로 날아 들어온다.)

家珍: 谁把球还回去?

Jiāzhēn: Shéi bǎ qiú huán huíqù?

　　(학생들이 모두 손을 든다.)

学生们: 老师我去。

Xuéshēngmen: Lǎoshī wǒ qù.

家珍: 好, 那我自己去。

Jiāzhēn: Hǎo, nà wǒ zìjǐ qù.

(자전이 공을 들고 나가고 이때 반장이 일어나 소리친다.)

班长: 传到哪里去了? 快还给我!。

Bānzhǎng: Chuándào nǎlǐ qù le? Kuài huángěi wǒ!

家珍: 对不起! 对不起! 高射炮。

Jiāzhēn: Duìbuqǐ! Duìbuqǐ! Gāoshèpào.

家珍: 没关系。

Jiāzhēn: Méi guānxi.

周明道: 我上来拿。

Zhōumíngdào: Wǒ shànglái ná.

家珍: 去下去就可以了。

Jiāzhēn: Qù xiàqù jiù kěyi le.

▨ 직역

(새벽 주스푸의 집)

주스푸: 애야, 애야, 곧 6시다. 일어나, 잠꾸러기.

(자쳰의 방으로 가서, 자쳰이 책상에 엎드려 자는 모습을 보는 주스푸)

주스푸: 자쳰 일어나. 네게 말해도 늘 듣지 않고, 또 탁자 위에서 이런 모양으로 자는구나. 이런 자세가 몸에 좋지 않다는 것을 너 알고 있니?

자췐: 의사가 조깅이 당신 등에 좋지 않다고 했는데, 당신은 왜 듣지 않으세요?

(주스푸가 조깅하는 모습이 보이고, 정류장에서 등교하는 산산)

주스푸: 산산아!

산산: 주 할아버지, 안녕하세요.

주스푸: 안녕, 학교 가는구나. 왜 여기에서 아침밥을 먹니?

산산: 학교에 가면 일찍부터 자습해야 해서 먹을 시간이 없어요. 보세요. 이것
이 당신께서 어제 만들어주신 찐만두예요. 그러나 엄마께서 이미 안의
국물을 모두 짜내셨어요. 내가 두 손에 기름을 묻히고 먹는 것을 피하기
위해서 말이에요.

주스푸: 정오에 우리 집에 오렴, 내가 네게 밥을 해줄 테니 먹어라.

산산: 오늘은 하루 종일 수업해요.

주스푸: 하루 종일 수업해? 네 도시락은?

(버스가 오고 있는데 돈을 꺼내 보이는 산산)

산산: 버스 왔어요.

승객: 밀지 마세요.

(자전이 수업을 하고 있는 학교, 자전이 칠판 위에 글씨를 쓰며 수업을 하고
있는데, 한 남학생이 졸고 있다.)

자전: 전형원소의 이 가전자수는 그것의 족수와 같습니다. 가전자수는 족수와
같지요. 모두 이해하죠. 좋아요. 우리 지금 다시 한번 봅시다. 우리가 지
금 막 썼던 주기표에서 위는 모두 A족 원소입니다. 1A족, 2A족, 3A족.

(졸던 남학생이 '쾅' 하고 머리를 책상에 부딪치자, 학생들이 모두 웃는다.)

자전: 좀 열중하세요! 4A족, 5A족, 6, 7, 8. 좋아요. 우리 붉은색을 이용해서 좀
봅시다. 1A족은……

(운동장으로부터 배구공이 교실 안으로 날아 들어온다.)

자전: 누가 공을 돌려주러 가겠습니까?

(학생들이 모두 손을 든다.)

학생들: 선생님 제가 가겠습니다.

자전: 좋아요, 그럼 제가 가죠.

(자전이 공을 들고 나가고 이때 반장이 일어나 소리친다.)

반장: 어디까지 전해졌니? 빨리 내게 돌려줘!

자전: 죄송합니다. 죄송합니다. 고사포네요.

자전: 괜찮습니다.

저우밍다오: 제가 올라가서 가져올게요.

자전: 던져 보내면 됩니다.

이상은 원문과 그 문장의 구조에 충실한 직역이다. 그러나 아직 영화대본이 구어라는 점, 또한 영상에 집중하도록 글자 수를 정리해주어야 하는 점 등을 고려하지 않은 추형임을 알 수 있다. 따라서 의역의 단계로 나아가지 않을 수 없다.

② 의역

(새벽 주 선생의 집)

주 선생: 애야! 애야! 6시 다 됐다. 일어나라, 잠꾸러기야!

(자첸의 방으로 가서, 자첸이 책상에 엎드려 자는 모습을 보는 주 선생)

주 선생: 자첸, 일어나. 항상 말해도 듣지 않고, 또 책상 위에서 이렇게 자는구나. 이런 자세가 좋지 않다는 것을 너 알고 있니?

자첸: 의사선생님이 조깅이 아빠 등에 좋지 않다고 해도, 아빠는 왜 듣지 않으세요?

(주 선생이 조깅하는 모습이 보이고, 정류장에서 등교하는 산산)

주 선생: 산산아!

산산: 할아버지, 안녕하세요.

주 선생: 안녕! 학교 가는구나. 왜 여기에서 아침밥을 먹니?

산산: 학교에 가면 일찍부터 자습해서 먹을 시간이 없어요. 보세요! 이것이 할
　　　아버지께서 어제 만들어주신 찐만두예요. 엄마께서 이미 안의 국물을
　　　모두 짜냈어요. 제가 손에 기름을 묻히고 먹는 걸 막기 위해서 말이에요.

주 선생: 12시쯤 할아버지 집에 오렴. 네게 밥을 해줄 테니.

산산: 오늘은 하루 종일 수업해요.

주 선생: 하루 종일 수업해? 네 도시락은?

(버스가 오고 있는데 돈을 꺼내 보이는 산산)

산산: 버스 왔어요.

승객: 밀지 마세요.

(자전이 수업을 하고 있는 학교, 자전이 칠판 위에 글씨를 쓰며 수업을 하고
있는데, 한 남학생이 졸고 있다.)

자전: 전형원소의 이 가전자수는 그것의 족수와 같습니다. 가전자수는 족수와 같
　　　지요. 모두 이해하죠? 좋아요. 우리 이제 다시 한번 봅시다. 우리가 지금
　　　막 썼던 주기표에서 위에 것은 모두 A족 원소입니다. 1A족, 2A족, 3A족.

(졸던 남학생이 '쾅' 하고 머리를 책상에 부딪치자, 학생들이 모두 웃는다.)

자전: 좀 집중하세요! 4A족, 5A족, 6, 7, 8. 좋아요. 우리 붉은색으로 쓰면서 봅
　　　시다. 1A족은……

(운동장으로부터 배구공이 교실 안으로 날아 들어온다.)

자전: 누가 공을 주러 가겠습니까?

(학생들이 모두 손을 든다.)

학생들: 선생님, 제가 가겠습니다.

자전: 좋아요. 그럼 제가 가죠.

(자전이 공을 들고 나가고 이때 반장이 일어나 소리친다.)

반장: 어디까지 전해졌니? 빨리 내게 줘!

자전: 죄송합니다. 죄송합니다. 고사포네요.

자전: 괜찮습니다.

저우밍다오: 제가 올라가 가지고 올게요.

자전: 던져 보내면 됩니다.

위의 직역에 비해 다소 정리되어진 것과 같은 인상을 준다. 그러나 여전히 마지막 단계인 번역의 과정을 거쳐야만 최선의 번역에 도달할 수 있을 것이다.

3 번역

(새벽 저우 선생의 집)

저우 선생: 우리 딸! 6시 다 됐다. 일어나!

(자첸의 방으로 가서, 자첸이 책상에 엎드려 자는 모습을 보는 저우 선생)

저우 선생: 일어나! 늘 이렇게 책상에서 자는구나. 이런 자세가 안 좋은 거 알지?

자첸: 의사선생님이 아빠 등에 조깅이 안 좋다고 했는데, 아빠는요?

(저우 선생이 조깅하는 모습이 보이고, 정류장에서 등교하는 산산)

저우 선생: 산산!

산산: 할아버지, 안녕하세요.

저우 선생: 안녕! 학교 가는구나. 왜 여기서 아침 먹니?

산산: 학교 가자마자 자습해서 먹을 시간 없어요. 보세요! 할아버지께서 어제 만

들어주신 찐만두예요. 엄마가 국물을 다 짰어요. 손에 기름 묻지 말라고요.

저우 선생: 낮에 밥 해줄 테니 할아버지 집에 오렴.

산산: 오늘 온종일 수업해요.

저우 선생: 그래? 도시락은?

(버스가 오고 있는데 돈을 꺼내 보이는 산산)

산산: 버스 왔어요.

승객: 밀지 마요.

(자전이 수업을 하고 있는 학교, 자전이 칠판 위에 글씨를 쓰며 수업을 하고 있는데, 한 남학생이 졸고 있다.)

자전: 전형원소의 이 가전자수는 그 족수와 같아요. 다 이해하죠? 좋아요. 다시 봅시다. 지금 썼던 주기표에서 위는 다 A족 원소입니다. 1A족, 2A족, 3A족.

(졸던 남학생이 '쾅' 하고 머리를 책상에 부딪치자, 학생들이 모두 웃는다.)

자전: 집중하세요! 4A족, 5A족, 6, 7, 8. 붉은색으로 쓰면서 봅시다. 1A족은……

(운동장으로부터 배구공이 교실 안으로 날아 들어온다.)

자전: 누가 공을 주러 갈까?

(학생들이 모두 손을 든다.)

학생들: 저요! 저요!

자전: 좋아요. 제가 가죠.

(자전이 공을 들고 나가고 이때 반장이 일어나 소리친다.)

반장: 어디까지 갔니? 빨리 줘!

자전: 죄송합니다. 고사포네요. 괜찮아요.

저우밍다오: 제가 올라가 가져올게요.

자전: 던져 보내면 되죠!

(40年代)

谢老板: 福贵少爷, 你又输了。

Xiè lǎobǎn: Fúguìshǎoyè, nǐ yòu shū le.

福贵: 一晚上都没开, 记上吧, 多少?

Fúguì: Yìwǎnshàng dōu méi kāi, jìshàng ba, duōshao?

谢老板: 春生。

Xiè lǎobǎn: Chūnshēng.

福贵: 这一阵子, 账欠了不少, 字也练得大有长进。我说龙二, 你这个皮
影班主怎么弄得? 光惦记着赢我的钱了? 这戏唱得比叫驴还难听。

Fúguì: Zhè yízhènzi, zhàngqiàn le bùshǎo, zì yě liàn de dà yǒu cháng jìn. Wǒ
shuō Lóngèr, nǐ zhège píyǐng bānzhǔ zěnme nòng de? Guāng diànjìzhe
yíng wǒ de qián le? Zhè xì chàng de bǐ jiàolǘ hái nántīng.

龙二: 累了, 这个板眼就乱了, 都唱了一夜了。要不福贵少爷你给露两
声, 让他们开开眼。

Lóngèr: Lèi le, zhège bǎnyǎn jiù luàn le, dōu chàng le yíyè le. Yào bù
Fúguìshǎoyè nǐ gěi lù liǎng shēng, ràng tāmen kāikai yǎn.

福贵: 谢老板, 赌场生意好啊!

Fúguì: Xiè lǎobǎn, dǔchǎng shēngyi hǎo a!

谢老板: 常来常来, 赏光赏光。

Xiè lǎobǎn: Cháng lái cháng lái, shǎngguāng shǎngguāng.

观众: 好! 好!

guānzhòng: Hǎo! Hǎo!

(曲: 望老天, 许多一更, 奴和潘郎宵宿久, 象牙床上任你游)

谢老板: 龙二, 账差不多了。福贵少爷只要老样子再输一晚, 你那事就成了。

Xiè lǎobǎn: Lóngèr, zhàng chàbuduō le. Fúguìshǎoyè zhǐyào lǎoyàngzi zài shū yìwǎn, nǐ nà shì jiù chéng le.

龙二: 你可别算错了?

Lóngèr: Nǐ kě bié suàn cuò le?

谢老板: 没错, 这儿有账。

Xiè lǎobǎn: Méi cuò, zhèr yǒu zhàng.

龙二: 福贵少爷起身了, 恒源号的侍候着走好。

Lóngèr: Fúguìshǎoyè qǐshēn le, héng yuán hào de shìhòuzhe zǒu hǎo.

跑腿儿: 少爷, 走好。

pǎotuīr: Shǎoyè, zǒu hǎo.

仆人: 少爷, 您回来了!

púrén: Shǎoyè, nín huílái le!

凤霞: 爹!

Fèngxiá: Diē!

父亲: 畜生, 又是一夜, 都改不了吃屎, 你这小王八蛋。徐家这占家底, 非得你折腾光了。你说! 除了那事, 你还能干什么? 就不学点好, 这王八蛋。

fùqīn: Xùshēng, yòushì yíyè, dōu gǎibùliǎo chī shǐ, nǐ zhè xiǎo wángbādàn. Xújiā zhè zhānjiā dǐ, fēiděi nǐ zhēteng guāng le. Nǐ shuō! Chúle nà shì, nǐ hái néng gàn shénme? Jiù bùxué diǎn hǎo, zhè wángbādàn.

다음의 3단계를 거치면서 연습하도록 한다.

1 직역 ☞

2 의역 ☞

3 번역 ☞

步惊云: 阿爹这把剑叫什么名字?

Bùjīngyún: Āyé zhè bǎ jiàn jiào shénme míngzi?

步擎天: 这把叫绝世好剑, 这是阿爹这生铸造最好的一把剑。

Bùqíngtiān: Zhè bǎ jiào juéshì hǎo jiàn, zhè shì āyé zhè shēng zhùzào zuìhǎo de
        yìbǎ jiàn.

步惊云: 那武功重要呢, 还是一把好剑重要啊?

Bùjīngyún: Nà wǔgōng zhòngyào ne, háishì yìbǎ hǎo jiàn zhòngyào a?

步擎天: 一把好剑, 可以令没有武力的人生出霸气。也可以令武力高强
        的人如虎添翼, 但是什么人用这把剑才是最关键。云儿, 我希
        望你记住, 仁者无敌。

Bùqíngtiān: Yìbǎ hǎo jiàn, kěyǐ lìng méiyǒu wǔlì de rénshēng chū bàqì, yě kěyǐ lìng
        wǔlì gāoqiáng de rén rú hǔ tiān yì, dànshì shénmerén yòng zhè bǎ jiàn
        cái shì zuì guānjiàn. Yún'ér, wǒ xīwàng nǐ jìzhù, rénzhě wú dí

                ***

泥菩萨: 天下会在雄霸帮主的领导下, 逐渐声势浩大, 真是如日方中啊。

Nìpúsà: Tiānxià huì zài Xióngbàbāngzhǔ de lǐngdǎo xià, zhújiàn shēngshì hàodà,
        zhēnshì rú rì fāng zhōng a.

文丑丑: 泥菩萨, 那你是在自己夸自己吧? 整个天下会的风水格局都是
        由你负责, 天下会好, 就是你好啊!

Wénchǒuchǒu: Nìpúsà, nà nǐ shì zài zìjǐ kuā zìjǐ ba? Zhěng ge tiānxià huì de fēngshuǐ
        géjú dōushì yóu nǐ fùzé, tiānxià huì hǎo, jiùshì nǐ hǎo a.

泥菩萨: 但愿如此。你文丑丑乃是帮主最得力的助手, 果真是一人之下

万人之上啊。

Nìpúsà: Dàn yuàn rúcǐ. Nǐ Wénchǒuchǒu nǎishì Bāngzhǔ délì de zhùshǒu, guǒzhēn shì yìrén zhī xià wànrén zhī shàng a.

文丑丑: 唉! 老兄啊, 伴君如伴虎啊, 我倒是羡慕你自由自在的。帮主正在等着你。参见帮主!

Wénchǒuchǒu: Āi! Lǎoxiōng a, bàn jūn rú bàn hǔ a, wǒ dàoshi xiànmù nǐ zìyóuzìzài de. Bāngzhǔ zhèngzài děngzhe nǐ. Cānjiàn Bāngzhǔ!

泥菩萨: 参见帮主!

Nìpúsà: Cānjiàn Bāngzhǔ!

雄霸: 你来啦, 你我相交多年, 应该知我性格, 我和剑圣之战, 你说说我有多少胜算?

Xióngbà: Nǐ lái la, nǐ wǒ xiāngjiāo duōnián, yīnggāi zhī wǒ xìnggé, wǒ hé Jiànshèng zhī zhàn, nǐ shuōshuo wǒ yǒu duōshao shèngsuàn?

泥菩萨: 以帮主今天的盖世武功, 江湖上不论是"南无名"还是"北剑圣", 恐怕都不是帮主您的对手。

Nìpúsà: Yǐ Bāngzhǔ jīntiān de gàishì wǔgōng, jiānghú shàng búlùn shì "Nán Wúmíng" háishì "Běi Jiànshèng", kǒngpà dōu búshì Bāngzhǔ nín de duìshǒu.

雄霸: 泥菩萨, 你什么时候学会像文丑丑一样说话了?

Xióngbà: Nìpúsà, nǐ shénme shíhou xuéhuì xiàng Wénchǒuchǒu yíyàng shuōhuà le?

文丑丑: 帮主, 不是我教他拍马屁啊。

Wénchǒuchǒu: Bāngzhǔ, búshì wǒ jiào tā pāi Mǎbì a.

雄霸: 如果这次我能够一举击败剑圣, 雄霸天下就指日可待了。

Xióngbà: Rúguǒ zhè cì wǒ nénggòu yìjǔ jībài Jiànshèng, Xióngbà tiānxià jiù zhǐrì

kě dài le.

泥菩萨: 不过小人可以告诉帮主, 与剑圣一战恐怕要多等十年。

Nìpúsà: Búguo xiǎorén kěyǐ gàosu Bāngzhǔ, yǔ Jiànshèng yízhàn kǒngpà yào duō

gěng shínián.

다음의 3단계를 거치면서 연습하도록 한다.

```
┌─ 1  직역 ☞ ─────────────────────────────────┐
│                                               │
│                                               │
│                                               │
│                                               │
│                                               │
└───────────────────────────────────────────────┘
```

```
┌─ 2  의역 ☞ ─────────────────────────────────┐
│                                               │
│                                               │
│                                               │
│                                               │
│                                               │
└───────────────────────────────────────────────┘
```

```
┌─ 3  번역 ☞ ─────────────────────────────────┐
│                                               │
│                                               │
│                                               │
│                                               │
│                                               │
└───────────────────────────────────────────────┘
```

(一九六二年, 香港)

孙太太: (上海话) 一起吃一起吃不要客气。今早烤子鱼老新鲜格, 今早刚
刚做起来格, 那勿要等我了, 先吃起来, 王妈, 去捞点啤酒出来。

Sūntàitài: Yìqǐ chī yìqǐ chī búyào kèqi, jīnzǎo kǎo zǐyú lǎo xīnxiān gé, jīnzǎo
gānggang zuò qǐlái gé, nà wùyào děng wǒ le, xiān chī qǐlái, Wángmā,
qù lāo diǎn píjiǔ chūlái.

王妈: (上海话) 好格好格。

Wángmā: Hǎo gé hǎo gé.

苏丽珍: 不好意思, 打扰你们吃饭了。

Sūlìzhēn: Bù hǎo yìsi, dǎlāo nǐmen chīfàn le.

孙太太: 噢, 不要紧, 我们到那边坐吧。

Sūntàitài: Ō, búyàojǐn, wǒmen dào nàbiān zuò ba.

苏丽珍: 好。

Sūlìzhēn: Hǎo.

孙太太: 诶, 怎么这么晚呢?

Sūntàitài: É, zěnme zhème wǎn ne?

苏丽珍: 是啊, 我刚下班就来了。太太怎么称呼啊?

Sūlìzhēn: Shì a, wǒ gāng xiàbān jiù lái le. Tàitài zěnme chēnghu a?

孙太太: 叫我孙太太嘛。你呢?

Sūntàitài: Jiào wǒ Sūntàitài ma. Nǐ ne?

苏丽珍: 我先生姓陈。

Sūlìzhēn: Wǒ xiānshēng xìng Chén.

(两人谈完租房的事情, 孙送苏出门)

孙太太: (上海话) 诶, 侬决定好了, 拨子电话我。

Sūntàitài: É, nóng juédìng hǎo le, bá zǐ diànhuà wǒ.

苏丽珍: 好。

Sūlìzhēn: Hǎo.

孙太太: 阿有拨我电话号码抄勿来?

Sūntàitài: Ā yǒu bá wǒ diànhuà hàomǎ chāo wù lái?

苏丽珍: 我抄下来了。

Sūlìzhēn: Wǒ chāo xiàlái le.

孙太太: (上海话) 个么好格, 我先送侬出去。

Sūntàitài: Gè me hǎo gé, wǒ xiān sòng nóng chūqù.

苏丽珍: 不用了。

Sūlìzhēn: Búyòng le.

孙太太: 诶, 要格, 大家上海人嘛。

Sūntàitài: É, yào gé, dàjiā Shànghǎirén ma.

(周拿着报纸上楼, 碰到孙送苏出门)

孙太太: 个么就个能决定了啊。

Sūntàitài: Gè me jiù ge néng juédìng le a.

苏丽珍: 谢谢你了, 我先走了。Byebye!

Sūlìzhēn: Xièxie nǐ le, wǒ xiān zǒu le.

孙太太: 好好好, 慢慢叫走啊。

Sūntàitài: Hǎo hǎo hǎo, mànmàn jiào zǒu a.

周慕云: 请问这里有房间租吗?

周慕云: Qǐngwèn zhè lǐ yǒu fángjiān zū ma?

孙太太: 啊呀，真对不起，房间刚刚租给那位太太了。

Sūntàitài: Āyā, zhēn duìbuqǐ, fángjiān gānggāng zū gěi nà wèi tàitài le.

周慕云: 哦，谢谢。(准备离开)

Zhōumùyún: Ó, xièxie.

孙太太: (叫住周) 诶，你们几个人住啊?

Sūntàitài: É, nǐmen jǐ ge rén zhù a?

周慕云: 我跟我太太两个。

Zhōumùyún: Wǒ gēn wǒ tàitài liǎng ge.

孙太太: 哦，要不到隔壁试试看吧。

Sūntàitài: Ó, yào bú dào gébì shìshi kàn ba.

周慕云: 隔壁有房间吗?

Zhōumùyún: Gébì yǒu fángjiān ma?

孙太太: 是啊，隔壁顾先生的儿子刚结婚，搬了出去，那间房子也想租出去。

Sūntàitài: Shì a, gébì Gù xiānshēng de érzi gāng jiéhūn, bān le chūqù, nà jiān
          fángzi yě xiǎng zū chūqù.

周慕云: 噢，麻烦你了。

Zhōumùyún: Ō, máfan nǐ le.

孙太太: 不用客气，你去问一问吧。

Sūntàitài: Búyòng kèqi, nǐ qù wèn yí wèn ba.

周慕云: 噢，谢谢。(走到隔壁顾先生门口按门领)

Zhōumùyún: Ō, xièxie.

---

12) 장만옥과 양조위가 주연이었던 영화.

다음의 3단계를 거치면서 연습하도록 한다.

① 직역 ☞

② 의역 ☞

③ 번역 ☞

8) 잡지를 통한 중한번역 연습

잡지의 종류도 여러 가지이며, 잡지에 수록되어 있는 문장 역시 다양하다. 사회에서 대두되고 있는 현상이나 문제에 대한 심층적인 기사, 문화와 관련된 자세한 소식, 연예인들 사생활과 후문, 이슈화된 인물들의 역정과 노선 등 그 주제를 일일이 거론할 수 없을 것이다. 따라서 잡지에 소개된 문장들을 읽고 이해하는 것은 일상이며, 이를 중국에 대해 알고자 하는 많은 이들에게 소개하는 것 역시 매우 일반적인 일이 되었다.

우선 아래의 예시문을 통해 잡지에 소개된 일단의 문장들을 단계적으로 번역하는 요령에 대해 살펴보면 다음과 같다.

 예시문 ◀创意中华不再是梦▶

香港领衔的中华创意产业论坛，凝聚两岸三地的创意名家，

Xiānggǎng lǐngxián de Zhōnghuá chuàngyì chǎnyè lùntán, níngjù liǎngànsāndì de chuàngyì míngjiā,

为大中华地区的创意产业寻找新方向，打造「创意中华」。

wèi Dàzhōng huá dìqū de chuàngyì chǎnyè xúnzhǎo xīn fāngxiàng, dǎzào「 chuàngyì Zhōnghuá」.

最近香港文化界人事变动频出，从艺术发展局新班子的争议到西欧

Zuìjìn Xiānggǎng wénhuàjiè rénshì biàndòng pínchū, cóng yìshù fāzhǎnjú xīn bānzi de zhēngyì dào Xī'ōu

文化区管理局行政总裁谢卓飞闪电辞职，让很多人担忧香港文化艺

wénhuàqū guǎnlǐjú xíngzhèng zǒngcái Xièzhuófēi shǎndiàn cízhí, ràng hěn duō rén dānyōu Xiānggǎng wénhuà yì

术的前途。但另一层面，香港优势却是「墙内开花墙外香」，大量

shù de qiántú. Dàn lìng yì céng miàn, Xiānggǎng yōushì què shì「qiáng nèi kāihuā qiáng wài xiāng」, dàliàng

「北进」神州的香港创意人才在中国文化的诸多领域引领著潮流。

「Běijìn」Shénzhōu de Xiānggǎng chuàngyì réncái zài Zhōngguó wénhuà de zhūduō lǐngyù yǐnlǐng zhe cháoliú.

如何打通两个市场、链接两地优势，既让香港文化找到自主性的借

Rúhé dǎtōng liǎng ge shìchǎng、liànjiē liǎngdì yōushì, jì ràng Xiānggǎng wénhuà zhǎodào zìzhǔxìng de jiè

力点，也发挥独特的软实力优势，是从事上海世博香港展览活动的

lìdiǎn, yě fāhuī dútè de ruǎn shílì yōushì, shì cóngshì Shànghǎi shìbó Xiānggǎng zhǎnlǎn huódòng de

很多文化人已经在探索的热点。

hěn duō wénhuàrén yǐjīng zài tànsuǒ de rèdiǎn.

在上海世博期间香港举办的六十九项文化活动中，中华创意产业论

Zài Shànghǎi shìbó qījiān Xiānggǎng jǔbàn de liùshíjiǔ xiàng wénhuà huódòng zhōng, Zhōnghuá chuàngyì chǎnyè lùn

坛动员了最多两岸地民间力量，少见的让低调的香港人展露出大中

tán dòngyuán le zuìduō liǎngàn de mínjiān lìliàng, shǎojiàn de ràng dīdiào de Xiānggǎngrén zhǎnlùchū Dàzhōng

华视野的文化野心。

huá shìyě de wénhuà yěxīn.

论坛推手、香港当代文化中心主席荣念曾这样形容他的「创意」野

Lùntán tuīshǒu、Xiānggǎng dāngdài wénhuà zhōngxīn zhǔxí Róngniàn céng

zhèyàng xíngróng tā de 「chuàngyì」 yě

心:「香港要做创意产业, 需要经济文化社会的视野, 中间的平衡就

xīn.「Xiānggǎng yào zuò chuàngyì chǎnyè, xūyào jīngjì wénhuà shèhuì de shìyě,

zhōngjiān de pínghéng jiù

是 ≪创意香港≫。有了创意香港, 下一步是创意中华, 仅限於香

shì ≪chuàngyì Xiānggǎng≫. Yǒu le chuàngyì Xiānggǎng, xià yí bù shì chuàngyì

Zhōnghuá, jǐn xiànyú Xiāng

港的话就是画地为牢, 之後还要有创意亚太区。有这样一个视野去

gǎng de huà jiùshì huàdìwéiláo, zhīhòu hái yào yǒu chuàngyì YàTàiqū. Yǒu

zhèyàng yí ge shìyě qù

做创意, 才是香港的蓝图。」只有系统建立大中华地区城市创意产

zuò chuàngyì, cái shì Xiānggǎng de lántú.」Zhǐyǒu xìtǒng jiànlì Dàzhōnghuá dìqū

chéngshì chuàngyì chǎn

业网络, 香港的创意优势才能得到广大的市场和表现空间, 这正是

yè wǎngluò, Xiānggǎng de chuàngyì yōushì cái néng dédào guǎngdà de shìchǎng

he biǎoxiàn kōngjiān, zhè zhèng shì

荣念最终说服香港政府的 <创意香港> 办公室拔款支持论坛的理由。

Róngniàn zuìzhōng shuōfú Xiānggǎng zhèngfǔ de <chuàngyì Xiānggǎng>

bàngōngshì bōkuǎn zhīchí lùntán de lǐyóu.

他认为, 这次世博会不仅给中国,

Tā rènwéi, zhè cì shìbóhuì bùjǐn gěi Zhōngguó,

同时给香港提供了百年一遇 的契机。

tóngshí gěi Xiānggǎng tígōng le bǎinián yí yù de qìjī.

(≪亚洲周刊≫ 六期, 2011年 2月 6日)

1 직역

홍콩에서 으뜸가는 자리를 차지하는 중화창의산업논단이, 두 기슭과 세 지점의 창의 명가들을 응집하여, 대중화지구의 창의 산업에 새로운 방향을 찾기 위하여, 「창의중화」를 만들었다.

최근, 홍콩문화계 인사들은 변동이 잦았고, 예술발전국 신그룹의 쟁의로부터 서구문화구관리국의 행정 총재 셰줘페이가 빠르게 사직한 것까지, 많은 사람들로 하여금 홍콩문화예술의 전도를 걱정하게 하였다. 그러나 다른 면에서, 홍콩의 우세는 오히려 「담장 안에 핀 꽃의 담장 밖까지 향기」로, 대량의 「북진한」 선저우의 홍콩 창의인재들이 중국문화의 허다한 영역에서 조류를 내밀고 있다는 것이다. 어떻게 두 개의 시장에서 관통할 것이지, 어떻게 두 곳의 우세한 것을 이을 것인지에 대해서는, 이미 홍콩문화로 하여금 자주성의 차력점을 찾게 하였고, 독특한 부드러운 실력의 우세를 발휘하도록 했는데, 이는 상하이 세계박람회 홍콩 전람 활동에 종사한 매우 많은 문화인들이 이미 탐색하고 있는 뜨거운 점이다.

상하이 세계박람회 기간에 홍콩이 개최한 69개의 활동 중, 중화창의산업논단은 최다 두 기슭과 세 지점의 민간 역량을 동원하였고, 보기 드문

저조한 홍콩인들로 하여금 대중화시야의 문화야심을 공개하게 하였다. 논단 투수와 홍콩당대문화중심 주석인 룽녠청은 이렇게 그의 「창의」의 야심을 형용하였다. 「홍콩이 창의산업을 해야 한다면, 경제문화사회의 시야를 필요로 하는데, 중간의 평균이 ≪창의홍콩≫이다. 창의홍콩이 있어야, 다음 발걸음이 창의중화이어서, 겨우 홍콩의 말에만 제한한다면 곧 땅바닥에 동그라미를 그려놓고 감옥으로 삼는 것으로, 그 후에 창의아시아태평양지구가 있어야만 한다. 이러한 시야를 가지고 창의해 나가야 비로소 홍콩의 설계도인 것이다.」 대중화지구 도시의 창의산업 네트워크를 계통적으로 건립해야만, 홍콩의 창의 우세가 비로소 광대한 시장과 표현 공간을 얻을 수 있으며, 이것이 바로 룽녠청이 궁극적으로 홍콩정부의 「창의홍콩」 사무실을 설복시켜 돈을 지출해 논단을 지지하게 하는 이유이다. 그는 이번 세계박람회가 중국뿐만 아니라 동시에 홍콩에게 100년에 한 번 만나는 계기를 준 것이라고 여겼다.

원문에 충실한 직역이지만 대단히 난해한 한국어임을 알 수 있다. 다음은 이에 대한 의역이다.

2 의역

홍콩에서 최고의 위치에 있는 중화창의산업논단이, 사회 각계의 창의 명가들을 응집하여, 중화지구의 창의 산업에 새로운 방향을 찾기 위하여, 「창의중화」를 만들었다.

최근, 홍콩의 문화계 인사들은 변동이 잦았는데, 예술발전국의 신그룹들이 쟁의를 일으킨 것부터 서구문화지역관리국의 행정 총재인 셰쥐

페이가 서둘러 사직한 것까지, 많은 사람들은 홍콩문화예술의 전도를 걱정하고 있다. 그러나 다른 한편으로는 오히려 「담장 안에 핀 꽃이 담장 밖까지 향기를 내뿜는 것」처럼, 「북쪽으로 간」 중국 홍콩의 창의 인재들이 중국문화의 많은 영역에서 그 추세를 주도하고 있다는 것이 홍콩의 강점이다. 어떻게 두 시장을 관통시킬 것이지, 어떻게 두 곳의 장점을 이어나갈 것인지에 대해서는, 이미 홍콩문화가 자주적으로 차력점을 찾았고, 독특한 부드러운 홍콩문화의 우수성을 발휘하였는데, 이는 상하이 세계박람회 홍콩 전람 활동에 종사한 매우 많은 문화인들이 이미 탐색하고 있는 초점이다.

상하이 세계박람회 기간 중에 홍콩은 그들이 개최한 69개의 활동 중에, 중화창의산업논단은 최대한 사회 각계의 민간 역량을 동원하였고, 활동이 저조해서 보기 힘들었던 홍콩인들은 중화적인 시야에서 그들의 문화적 야심을 공개하였다.

논단의 영수와 홍콩당대문화센터의 주석인 룽녠청은 다음과 같이 그의 「창의」의 야심을 형용하였다. "홍콩이 창의산업을 해야 한다면, 경제문화사회의 시야를 필요로 하는데, 중간에서 평균대 역할을 하는 것이 ≪창의홍콩≫이다. 창의홍콩이 있어야, 다음에 창의중화가 있게 되는데, 겨우 홍콩에만 그 말을 제한한다면 이는 곧 스스로 자신을 제한하는 것이며, 그 후에는 창의아시아태평양지구가 있어야만 한다. 이러한 시야를 가지고 창의해 나가야만 이것이 비로소 창의홍콩의 청사진인 것이다." 중화지구의 창의산업 네트워크를 계통적으로 건립해야만, 홍콩의 창의가 갖는 우세가 비로소 광대한 시장과 표현 공간을 얻을 수 있으며, 이것이 바로 룽녠청이 궁극적으로 홍콩정부의 「창의홍콩」 사무실을 설득해 돈을 지출해 논단을 지지하게 하는 이유이다. 그는 이번 세계박람회가 중국뿐만 아니라 동시에 홍콩에게는 100년에 한 번 있는 계기를 준 것이라고 여겼다.

앞서 완성한 직역의 문장에 수정, 누락, 첨가, 도치 등의 방법을 이용해 정리하여 직역에 비해 상당히 자연스러운 문장으로 탈바꿈하였음을 알 수 있다. 그러나 여전히 모호하거나 한국인의 한국어가 구사되지 못한 부분이 도처에 보인다. 다음은 최종 단계인 번역이다.

❸ 번역

홍콩의 최고 위치에 있는 중화창의산업논단이 사회 각계에서의 창의적인 명사들을 응집하여, 중화지구의 창의 산업에 새로운 방향을 찾기 위해 「창의중화」를 만들었다.

예술발전국의 새로운 그룹들이 쟁의를 일으킨 것을 시작으로 서구문화지역관리국의 행정 총재인 셰쥐페이가 전격 사퇴한 것까지, 최근 홍콩의 문화계 인사들에게는 적지 않은 변화가 있었는데, 이러한 사건들로 인해 많은 사람들은 홍콩문화예술의 앞날을 걱정하고 있다. 그럼에도 불구하고 다른 한편으로 「담장 안에 핀 꽃이 담장 밖까지 그 향기를 내뿜는 것」처럼, 「북쪽으로 그 활동의 무대를 옮긴」 중국 홍콩의 창의적인 인재들이 중국문화의 많은 영역에서 그 추세를 주도하고 있다는 점은 오히려 홍콩의 강점이 되고 있다. '어떠한 방법으로 대륙과 홍콩이라는 두 시장을 관통시킬 것인지', '어떻게 두 곳의 장점을 이어나갈 것인지'에 대해서는 상하이엑스포 홍콩 전시 부문에 종사한 매우 많은 문화인들이 이미 탐색하고 있는 최대의 초점이지만, 이미 홍콩문화가 자주적으로 그 해결점을 찾았으며, 독특한 홍콩문화가 그 역할의 우수성을 발휘하고 있다.

상하이엑스포 기간 동안 홍콩은 69개의 활동을 개최하였는데, 중화창의산업논단은 사회 각계에서의 민간 역량을 최대한 동원하였고, 이때 활동이 저조하여 보기 힘들었던 홍콩인들은 중국이라는 시야에서 그들의 문화적인 야망을 표출하였다.

논단의 영수와 홍콩당대문화센터의 주석인 룽넨칭은 「창의」에 대한 자신의 야심을 다음과 같이 말하고 있다. "홍콩이 창의 산업을 해야 한다면, 경제와 문화 및 사회에 대한 넓은 시야를 필요로 하는데, ≪창의홍콩≫이 그 중간적인 역할을 할 것이다. '창의홍콩'이 있어야지만 그 다음에 '창의중화'가 있게 되는데, 단지 홍콩에만 그 표현을 국한한다면 이는 곧 스스로 자신을 제한하는 것으로 창의중화 이후에는 '창의아시아태평양지구'가 있어야만 한다. 이러한 시야를 중심으로 창의를 주도해 나가야만 이것이 비로소 창의홍콩의 청사진이 되는 것이다." 중화지역의 창의산업 네트워크를 계통적으로 건립해야만, 홍콩의 창의가 갖는 장점이 비로소 광대한 시장과 표현의 공간을 얻을 수 있으며, 이것이 바로 룽넨칭이 궁극적으로 홍콩정부의 「창의홍콩」 사무소를 설득하여 지원금을 제공하면서 논단을 지지하게 하는 이유이다. 그는 이번 세계박람회가 중국뿐 아니라 홍콩의 입장에서도 100년에 한 번 있는 기회라고 하였다.

원문의 의미를 왜곡하지 않는 범위 안에서 대대적으로 문맥을 손질한 번역문은 최초의 직역문과는 많은 차이를 보인다.

다음의 제시문을 통해 연습을 계속하도록 한다.

 제시문1 ◀乳酸菌口腹疫苗突破▶

经六年悉心研究及多位技术人员及学生的参与, 林文杰、徐宇虹等

Jīng liù nián xīxīn yánjiū jí duō wèi jìshù rényuán jí xuésheng de cānyù, Lín Wénjié、Xú Yǔhóng děng

港沪学者研发可预防H5N1病毒的乳酸菌口腹疫苗, 并申请专利。

Gǎnghù xuézhě yánfā kě yùfáng H wǔ N yī bìngdú de rǔsuānjùn kǒufú yìmiáo, bìng shēnqǐng zhuānlì.

比尔·盖茨, 这个听起来与生物科技毫不相关的人物, 却在二零一

Bǐ'ěr·gàicí, zhè ge tīng qǐlái yǔ shēngwù kējì háobù xiāngguān de rénwù, què zài èr líng yī

零年达沃斯论坛媒体发布会上强调:「我们要使未来的十年成为发

líng nián Dáwòsī lùntán méitǐ fābùhuì shàng qiángdiào:「Wǒmen yào shǐ wèilái de shínián chéngwéi fā

展疫苗的十年。」比尔和梅琳达盖茨基金会将承诺在未来十年内为

zhǎn yìmiáo de shí nián.」Bǐ'ěr hé Méilíndágàicí jījīnhuì jiāng chéngnuò zài wèilái shí nián nèi wèi

世界上最贫穷的地区捐款一百亿美元以提供疫苗的研究与应用。比

shìjièshàng zuì pínqióng de dìqū juānkuǎn yìbǎi yì měiyuán yǐ tígōng yìmiáo de yánjiū yǔ yìngyòng. Bǐ

尔更预测, 若能增加疫苗的供应, 到二零二零年, 就能挽救八百万名

ěr gèng yùcè, ruò néng zēngjiā yìmiáo de gōngyìng, dào èr líng èr líng nián, jiù néng wǎnjiù bābǎiwàn míng

儿童的生命。现在，重组乳酸菌口腹疫苗的成功研发铸就了转基因

értóng de shēngmìng. Xiànzài, chóng zǔ rǔsuānjùn kǒufú yìmiáo de chénggōng yánfā zhùjiù le zhuǎn jīyīn

口腹疫苗的又一个程碑，也提升了华人在国际生物医药领域的地位。

kǒufú yìmiáo de yòu yíge chéngbēi, yě tíshēng le huárén zài guójì shēngwù yīyào lǐngyù de dìwèi.

「我个人相信二十一世纪不会有比口腹疫苗更好的方法去预防传染

「Wǒ gèrén xiāngxìn èrshíyī shìjì búhuì yǒu bǐ kǒufú yìmiáo gèng hǎo de fāngfǎ qù yùfáng chuárǎn

病。」集结不同才学於一身的香港艺术家、医学教授、世界眼科组

bìng.」Jíjié bùtóng cái xué yú yīshēn de Xiānggǎng yìshùjiā、yīxué jiàoshòu、shìjiè yǎnkē zǔ

织创始人兼主席、教授林文杰在参加由香港教育局艺术教育组主办

zhī chuàngshǐrén jiān zhǔxí、jiàoshòu Lín Wénjié zài cānjiā yóu Xiānggǎng jiàoyùjú yìshù jiàoyùzǔ zhǔbàn

的「与名人对谈」系列节目上如此认为。经过六年悉心研究，以林

de「yǔ míngrén duìtán」xìliè jiémù shàng rúcǐ rènwéi. Jīngguò liù nián xīxīn yánjiū, yǐ Lín

文杰和上海交通大学药学院教授徐宇虹为首及多位学生和技术人员

Wénjié hé Shànghǎi jiāotōng dàxué yàoxuéyuàn jiàoshòu Xú Yǔhóng wéishǒu jí duō wèi xuésheng hé jìshù rényuán

的共同参与下，终於实现了利用重组乳酸菌预防流感H5N1病毒。

de gōngtóng cānyù xià, zhōngyú shíxiàn le lìyòng chóng zǔ rǔsuānjùn yùfáng liúgǎn H wǔ N yī bìngdú.

在这之前，感染高致病性禽流感的死亡率几乎高达百分之六十，而

Zài zhè zhī qián, gǎnrǎn gāozhìbìngxìng qínliúgǎn de sǐwánglǜ jīhū gāo dá

bǎifēnzhī shí, ér

家禽死亡率接近百分之一百。此项研究成果使人类与动物不再畏惧

jiāqín sǐwánglǜ jiējìn bǎifēnzhī bǎi. Cǐ xiàng yánjiū chéngguǒ shǐ rénlèi yǔ

dòngwù búzài wèijù

流行性病毒感染可能带来的死亡和其他威胁。

liúxíngxìng bìngdú gǎnrǎn kěnéng dàilái de sǐwáng hé qítā wēixié.

其实，早在二十年前，林文杰就开始研究用可食用的植物作为口腹

Qíshí, zǎo zài èrshí nián qián, Lín Wénjié jiù kāishǐ yánjiū yòng kě shíyòng de

zhíwù zuòwéi kǒufú

疫苗，并取得一定成功。在二零零零年，这项研究被美国《时代》

yìmiáo, bìng qǔdé yídìng chénggōng. Zài èr líng líng líng nián, zhè xiàng yánjiū

bèi měiguó 《shídài》

杂志选为二十一世纪十大发明之一。当记者问起既然这项技术已经

zázhì xuǎnwéi èrshíyī shìjì shídà fāmíng zhī yī. Dāng jìzhě wènqǐ jìrán zhè xiàng

jìshù jǐjīng

广获肯定，为何他还要用其他载体来研制口腹疫苗时，林文杰的解

guǎng huò kěndìng, wèihé tā hái yào yòng qítā zàitǐ lái yánzhì kǒufú yìmiáo shí,

Lín Wénjié de jiě

释是病毒可以分为两类，一类的基因相对稳定，很少变异，如乙型肝

shì shì bìngdú kěyǐ fēnwéi liǎnglèi, yílèi de jīyīn xiāngduì wěndìng, hěn shǎo

biànyì, rú yǐxíng gān

炎和猪的胀胃病毒(TGEV)等; 而另一类病毒的基因经常变异或重

yán hé zhū de chángwèi bìngdú(TGEV) děng; ér lìng yílèi bìngdú de jīyīn jīngcháng biànyì huò chóng

组, 如流行性感冒和艾滋病毒等。虽然预防稳定的病毒可以花一两

zǔ, rú liúxíngxìng gǎnmào hé àizī bìngdú děng. Suīrán yùfáng wěndìng de bìngdú kěyǐ huā yī liǎng

年时间去研发植物的口腹疫苗, 但对抗多变异的病毒就需要在短时

nián shíjiān qù fāyán zhíwù de kǒufú yìmiáo, dàn duìkàng duō biànyì de bìngdú jiù xūyào zài duǎnshí

间内就能研制出来的疫苗。林文杰认为, 活性乳酸菌这类益生菌是

jiān nèi jiù néng yánzhì chūlái de yìmiáo. Lín Wénjié rènwéi, huóxìng rǔsuānjùn zhè lèi yì shēng jùn shì

更适合的载体。他形容这类疫苗既可预防禽流感, 又可预防猪流感,

gèng héshì de zàitǐ. Tā xíngróng zhè lèi yìmiáo jì kě yùfáng qínliúgǎn, yòu kě yùfáng zhūliúgǎn,

更可预防人的流感。

gèng kě yùfáng rén de liúgǎn.

(≪亚洲周刊≫ 六期, 2011年 2月 6日)

다음의 3단계를 거치면서 연습하도록 한다.

┌─────────────────────────────┐
│ ▣ 1 직역 ☞   │
│   │
│   │
│   │
│   │
└─────────────────────────────┘

┌─────────────────────────────┐
│ ▣ 2 의역 ☞   │
│   │
│   │
│   │
│   │
└─────────────────────────────┘

┌─────────────────────────────┐
│ ▣ 3 번역 ☞   │
│   │
│   │
│   │
│   │
└─────────────────────────────┘

创办 ≪南方都市报≫ 和 ≪南京报≫ 的程益中在港大以

Chuàngbàn ≪Nánfāngdūshìbào≫ hé ≪Xīnjīngbào≫ de Chéng Yìzhōng zài Gǎngdà yǐ

≪一个报人的反思≫ 为题演讲, 认为报人不应自我奴役与自我审查,

≪yíge bàorén de fǎnsī≫ wéi tí yǎnjiǎng, rènwéi bàorén bùyīng zìwǒ núyì yǔ zìwǒ shěnchá,

要以「制衡公权」为终极目标, 扩大媒体的笼子。

yào yǐ「zhì héng gōngquán」wéi zhōngjí mùbiāo, kuòdà méitǐ de lóngzi.

在当代中国传播史上, 程益中是个不能忘却的传奇。

Zài dāngdài Zhōngguó chuánbōshǐ shàng, Chéng Yìzhōng shì ge bùnéng wàngquè de chuánqí.

他豪言要 「办中国最好的报纸」, 他的确成功了---创办了中国两份最成功的日报:

Tā háo yán yào「bàn Zhōngguó zuìhǎo de bàozhǐ」, tā díquè chénggōng le --- chuàngbàn le Zhōngguó liǎng fèn zuì chénggōng de rìbào:

广州的 ≪南方都市报≫ 和北京的 ≪新京报≫, 先后担任两报的总编辑。

Guǎngzhōu de ≪Nánfāngdūshìbào≫ hé Běijīng de ≪Xīnjīngbào≫, xiānhòu dānrèn liǎng bào de zǒngbiānjí.

一零零三年, 他坚持报道非典(SARS)肆虐真相和孙志刚案,

Yī líng líng sān nián, tā jiānchí bàodào Fēidiǎn(SARS) sìnüè zhēnxiàng hé Sūn Zhìgāng àn,

为中外瞩目, 也为当局所忌恨, 最终为此入狱百馀日, 虽然无罪

wéi Zhōngwài zhǔmù, yě wéi dāngjú suǒ jìhèn, zuìzhōng wéi cǐ rùyù bǎi yú rì, suīrán wúzuì

获释，但几年来仍被当局打压，他不得不谨慎低调地行步在传媒边缘，

huòshì, dàn jǐ nián lái réng bèi dāngjú dǎ yā, tā bùdébù jǐnshèn dīdiào de xíngbù zài chuán méi biān yuán,

从时政媒体淡出，主编精英杂志。二零零五年他获得联合国教

cóng shízhèng méitǐ dànchū, zhǔbiān jīngyīng zázhì. Yī líng líng wǔ nián tā huòdé Liánhéguó Jiào

科文组织颁发的「世界新闻自由奖」，被誉为中国新闻界的楷模和

kēwén Zǔzhī bānfā de「shìjiè xīnwén zìyóu jiǎng」, bèi yùwéi Zhōngguó xīnwénjiè de kǎimó hé

良心的职业报人。

liángxīn de zhíyè bàorén.

一月二十日，程益中来港，以《一个报人的反思》为题在香港大学演讲。

Yī yuè èrshí rì, Chéng Yìzhōng lái Gǎng, yǐ《yíge bàorén de fǎnsī》wéi tí zài Xiānggǎng dàxué yǎnjiǎng.

演讲由香港大学新闻及传媒研究中心总监陈婉莹教授主持。

Yǎnjiǎng yóu Xiānggǎng dàxué xīnwén jí chuánméi yánjiū zhōngxīn zǒngjiān Chén Wǎnyíng jiàoshòu zhǔchí.

可容纳百人的报告厅在演讲前顷刻显得狭小、讲台周围和过道上也

Kě róngnà bǎirén de bàogàotīng zài yǎnjiǎng qián qǐngkè xiǎn de xiáxiǎo, jiǎngtái zhōuwéi hé guòdào shàng yě

爆满。著名媒体人、传媒研究中心学者钱钢在微博士说：「程益中

bàomǎn. Zhùmíng méitǐrén、chuánméi yánjiū zhōngxīn xuézhě Qiángāngzàiwēi bóshì shuō:「Chéng Yìzhōng

先生今晚在香港大学演讲，会场爆满，不得不请听席地而坐，我在门

xiānshēng jīnwǎn zài Xiānggǎng dàxué yǎnjiǎng, huìchǎmg bàomǎn, bùdébù

qǐngtīng xídì ér zuò, wǒ zài mén

口接待，最後自己都被堵在外面!」

kǒu jiēdài, zuìhòu zìjǐ dōu bèi dǔ zài wàimiàn!」

程益中强调，在客观环境难以改变时，媒体人的主观努力对扩大言

Chéng Yìzhōng qiángdiào, zài kèguān huánjìng nányǐ gǎibiàn shí, méitǐrén de

zhǔguān nǔlì duì kuòdà yán

论自由尤为必要。他认为报人应把「制衡公权」作为终极目标，摆

lùn zìyóu yóu wéi bìyào. Tā rènwéi bàorén yīng bǎ「zhì héng gōngquán」zuòwéi

zhōngjí mùbiāo, bǎi

脱自我奴役和自我审查，不断冲击扩大束缚媒体的笼子，在强大的

tuō zìwǒ núyì hé zìwǒ shěnchá, búduàn chōngjī kuòdà shùfù méitǐ de lóngzi, zài

qiángdà de

官制也有可能土崩瓦解。他还介绍了媒体经营管理的策略，分享如

guānzhì yě yǒu kěnéng tǔbēngwǎjiě. Tā hái jièshào le méitǐ jīngyíng guǎnlǐ de

cèlüè, fēnxiǎng rú

何办好报。现场观众反响热烈，围绕媒体生态、媒体管理问答不断，

hé bàn hǎobào. Xiànchǎng guānzhòng fǎnxiǎng rèliè, wéirào méitǐ shēngtài、méitǐ

guǎnlǐ wèndá búduàn,

刺激大家思考。有网友在现场用微博直播程益中的演讲，不过没过

cìjī dàjiā sīkǎo. Yǒu wǎngyǒu zài xiànchǎng yòng Wēibó zhíbō Chéng Yìzhōng

de yǎnjiǎng, búguò méi guò

多久，新浪微博士程益中的演讲内容很快被除。

duō jiǔ, Xīn Làngwēi bóshì Chéng Yìzhōng de yǎnjiǎng nèiróng hěn kuài bèichú.

(≪亚洲周刊≫ 六期, 2011年 2月 6日)

다음의 3단계를 거치면서 연습하도록 한다.

<table>
<tr><td>1 직역 ☞</td></tr>
</table>

<table>
<tr><td>2 의역 ☞</td></tr>
</table>

<table>
<tr><td>3 번역 ☞</td></tr>
</table>

向海而兴，背海而弱，是历史发展规律，振兴海洋经贸和海洋军事，

Xiàng hǎi ér xīng, bèi hǎi ér ruò, shì lìshǐ fāzhǎn guīlǜ, zhènxīng hǎiyáng jīngmào

hé hǎiyáng jūnshì,

是大国崛起必由之路。

shì dàguó juéqǐ bìyóuzhīlù.

蒯辙元: 联合国教科文组织中国教育学术交流中心常务理事、中国

Kuǎi Zhéyuán: Liánhéguó Jiàokēwén Zǔzhī Zhōngguó jiàoyù xuéshù jiāoliú

zhōngxīn chángwù lǐshì、Zhōngguó

智业发展战略委员会副主任、港澳发展战略研究中心主任、中国社

zhìyè fāzhǎn zhànlüè wěiyuánhuì fùzhǔrèn、XiāngÀo fāzhǎn zhànlüè yánjiū

zhōngxīn zhǔrèn、Zhōngguó shè

会科学院特约研究员。著有理论专著 《世纪之交的求索》、《中国

huìkēxuéyuàn tèyuē yánjiūyuán. Zhù yǒu lǐlùn zhuānzhù 《shìjì zhī jiāo de qiúsuǒ》、

《Zhōngguó

崛起与挑战》、《危机下的中国》、《崩坏边缘》、《中国大转型》

juéqǐ yǔ tiǎozhàn》、《wēijī xià de Zhōngguó》、《bēnghuài biānyuán》、

《Zhōngguó dà zhuǎnxíng》

及长篇小说《商界恩怨》、《角逐》、《囫囵在爱河》 等。

jí chángpiānxiǎoshuō 《shāngjiè ēnyuàn》、《jiǎozhú》、《húlún zài àihé》 děng.

人类社会经济发展已面临历史的大转型，即须从陆地经济向海洋经

Rénlèi shèhuì jīngjì fāzhǎn yǐ miànlín lìshǐ de dàzhuǎnxíng, jí xū cóng lùdìjīngjì

xiàng hǎiyángjīng

济转型。二十一世纪是太平洋世纪，振兴太平洋是二十一世纪世界

jì zhuǎnxíng. Èrshíyī shìjì shì Tàipíngyáng shìjì, zhènxīng Tàipíngyáng shì èrshíyī shìjì shìjiè

经济和世界和平发展的时代主题。因此，中国亟需全面系统的海洋

jīngjì hé shìjiè hépíng fāzhǎn de shídài zhǔtí. Yīncǐ, Zhōngguó jí xū quánmiàn xìtǒng de hǎiyáng

发展大战略，否则中国将错失二十一世纪发展的历史机遇期。

fāzhǎn dàzhànlüè, fǒuzé Zhōngguó jiāng cuòshī èrshíyī shìjì fāzhǎn de lìshǐ jīyùqī.

（≪亚洲周刊≫ 二期, 2011年 1月 9日）

다음의 3단계를 거치면서 연습하도록 한다.

□1 직역 ☞

□2 의역 ☞

□3 번역 ☞

9) 신문을 통한 중한번역 연습

신문은 TV와 함께 대중들이 접할 수 있는 가장 일반적인 매체이다. 그러나 TV가 시각과 청각을 자극하여 그 내용을 수용하는 매체라고 한다면, 신문은 시각만을 이용해 그 소식과 정보를 파악하는 매체이다. 따라서 TV의 시청자보다는 신문의 독자가 그 안에 내재된 내용을 전달받기 위해 더욱 집중하게 된다. 이러한 신문의 내용은 현상적인 기사와 입장이나 감정을 이입한 사설 및 유익한 정보 등 다양한 부분으로 이루어지는데, 신문의 내용에 있어 핵심이라고 할 수 있는 것은 '기사'라고 할 수 있다. 특히 신문기사는 논지와 관점을 요구하지 않기 때문에 철저히 객관성을 담보하고 있어야 한다. 따라서 신문을 번역할 때는 객관적인 입장에서 그 기사에 대한 내용을 전달하는 태도가 필요하다. 결국 이와 같은 요령을 적용하기 위해 신문기사와 관련된 번역을 진행할 때는 사용하는 단어나 어기에 있어 개인의 심정이나 정서를 완벽하게 배제해야 한다.

먼저 다음에 소개되고 있는 문장을 통해 신문에 실린 기사의 내용들을 단계적으로 번역한 예시에 대해 살펴보면 다음과 같다.

 예시문 ◀北京50余名幼儿园老师集体停课要求涨工资▶

本报讯，昨天早上7点多，北京平谷区第二、第三、第四幼儿园等3
Běnbàoxùn, zuótiān zǎoshàng qīdiǎn duō, BěijīngPínggǔqū dì'èr、 dìsān、 dìsì yòu'éryuán děng sān

所公立的50余名幼师一起停课，要求教委涨工资。为此，3所幼儿园
suǒ gōnglì de wǔshí yú míng yòushī yìqǐ tíngkè, yàoqiú jiàowěi zhàng gōngzī.
Wèicǐ, sān suǒ yòu'éryuán

的孩子短时停课。平谷区教委称，昨天上午9点半，已经将幼师劝回

de háizi duǎnshí tíngkè. Pínggǔqū jiàowěi chēng, zuótiān shàngwǔ jiǔdiǎn bàn,

yǐjīng jiāng yòushī quàn huí

学校正常上课，幼儿园秩序恢复正常，而幼师绩效工资改革是按照

xuéxiào zhèngcháng shàngkè, yòu'éryuán zhìxù huīfù zhèngcháng, ér yòushī

jìxiào gōngzī gǎigé shì ànzhào

政策规定执行的，会向上一级反映她们的诉求。

zhèngcè guīdìng zhíxíng de, huì xiàngshàng yìjí fǎnyìng tāmen de sùqiú.

昨天早上9点，平谷区第四幼儿园一名家长反映称，早上8点前将孩

Zuótiān zǎoshàng jiǔdiǎn, Pínggǔqū dìsì yòu'éryuán yìmíng jiāzhǎng fǎnyìng

chēng, zǎoshàng bādiǎn qián jiāng hái

子送到学校，却发现孩子所在班级的老师根本不在，"没有老师接，

zi sòngdào xuéxiào, què fāxiàn háizi suǒzài bānjí de lǎoshī gēnběn búzài, "méiyǒu

lǎoshī jiē

幼儿园又要求我们把孩子接回家"。该家长称，多数家长都不知道发

yòu'éryuán yòu yāoqiú wǒmen bǎ háizi jiē huíjiā." Gāi jiāzhǎng chēng, duōshù

jiāzhǎng dōu bù zhīdào fā

生了什么事情。

shēng le shénme shìqíng.

昨天中午12点，在平谷第四幼儿园，从门外看进去，看不到孩子们活

Zuótiān zhōngwǔ shí'èrdiǎn, zài Pínggǔ dìsì yòu'éryuán, cóng ménwài kàn jìnqù,

kànbúdào háizimen huó

动。附近的商户说，早上八九点的时候，幼儿园门口围着很多人，很

dòng. Fùjìn de shānghù shuō, zǎoshàng bājiǔdiǎn de shíhou, yòu'éryuán ménkǒu wéizhe hěn duō rén, hěn

多家长7点多把孩子送来，发现老师都不在，又把孩子接回去了。另

duō jiāzhǎng qīdiǎn duō bǎ háizi sònglái, fāxiàn lǎoshī dōu búzài, yòu bǎ háizi

jiē huíqù le. Lìng

一名来接孩子的家长则告诉记者："幼儿园的生活老师还可以看孩

yìmíng lái jiē háizi de jiāzhǎng zé gàosu jìzhě, "yòu'éryuán de shēnghuó lǎoshī

hái kěyi kàn hái

子，他们让我可以接走，也可以让孩子待在幼儿园"。

zi, tāmen ràng wǒ kěyi jiē zǒu, yě kěyi ràng háizi dāizài yòu'éryuán."

据了解，第四幼儿园有600多名孩子。据多名家长介绍，除了第四幼

Jù liǎojiě, dìsì yòu'éryuán yǒu liùbǎi duōmíng háizi. Jù duōmíng jiāzhǎng jièshào,

chúle dìsì yòu'

儿园外，第二、第三幼儿园也存在类似情况，当天早上老师都没有

éryuán wài, dì'èr、dìsān yòu'éryuán yě cúnzài lèisì qíngkuàng, dāngtiān zǎoshàng

lǎoshī dōu méiyǒu

上课。

shàngkè.

(≪京华时报≫，2010年 12月 2日)

1 직역

본 신문사 소식에 의하면 어제 아침 7시쯤, 북경 평곡구 제2, 제3, 제4 유아원 등 3곳 공립유아원의 50여 명의 유아원 교사들이 함께 수업을 중지하고, 교육위원회에 임금을 올려줄 것을 요구하였다. 이 때문에, 3곳 유아원의 아이들은 단시간 수업을 중지하였다. 평곡구 교육위원회는 말하기를, 어제 오전 9시 반에, 이미 유아원 교사들을 학교로 돌아가 정상적으로 수업할 것을 설득하여, 유아원 질서는 정상을 회복하였으며, 또한 유아원 교사들의 성적과 임금 개혁은 정책규정집행에 따라 그녀들의 요구를 반영하여 한 단계 향상시킬 것이라고 하였다.

어제 아침 9시에, 평곡구 제4유아원의 한 명의 가장은 반영해 말하기를, 아침 8시 전에 학교를 보내야 하지만, 오히려 아이들 현재 반 선생님이 근본적으로 계시지 않아 "맞이해줄 선생님이 없으니, 유아원에서는 또 우리들이 아이들을 받아 집으로 돌아갈 것을 요구했습니다."라고 하였다. 이 가장은 말하기를, 다수의 가장들이 다 무슨 일이 발생하였는가를 몰랐다고 하였다.

어제 낮 12시에, 평곡 제4유아원에서, 문 밖으로부터 보아 들어가니, 아이들의 활동은 볼 수 없었다. 근처 상점에서 말하기를, 아침 8~9시였을 때, 유아원 입구를 많은 사람들이 에워싸고 있었는데, 매우 많은 가장들이 7시쯤 아이들을 보냈지만, 선생님이 다 없다는 것을 발견하고, 아이를 받아 돌아갔다고 하였다. 또 다른 한 아이를 데리러 온 가장은 기자에게 말하기를 "유아원의 생활 선생님들도 아이를 볼 수 있어서, 그들은 우리로 하여금 데리고 가도 좋고, 아이들로 하여금 유아원에 머물게 해도 된다."라고 했다고 하였다.

이해에 따르면, 제4유아원에는 600여 명의 아이들이 있다. 여러 명의 가장들의 소개에 따르면, 제4유아원을 제외하고, 제2, 제3유아원도 유사한 상황이 존재하며, 그날 아침 선생들이 다 수업하지 않았다.

표면적인 의미에 치중하며 위의 원문을 직역하였다. 그러나 역시 몇 곳은 그 어휘가 가지는 일반적인 의미만을 가지고 해석하다 보니, 문장의 정확한 의미를 파악하지 못하였다. 좀 더 세밀한 의미를 대입시켜 다시 한번 정리하는 의역의 단계를 살펴보도록 한다.

2 의역

본사 통신에 의하면 어제 아침 7시쯤, 북경 평곡구 제2, 제3, 제4유아원 3곳 공립유아원의 50여 명의 유아원 교사들이 모두 수업을 중지하고, 교육위원회에 임금을 올려줄 것을 요구하였다. 이 때문에, 3곳 유아원의 아이들은 단시간 수업을 받지 못하였다. 평곡구 교육위원회는 말하기를, 어제 오전 9시 반에, 이미 유아원 교사들을 유아원으로 돌아가 정상적으로 수업할 것을 설득하여, 유아원 질서는 정상을 회복하였으며, 또한 유아원 교사들의 성과급과 임금 개혁은 정책규정집행에 따라 그들의 요구를 반영하여 한 단계 상향할 것이라고 하였다.

어제 아침 9시에, 평곡구 제4유아원의 한 가장은 비판하기를, 아침 8시 전에 유아원에 보내야 하지만, 오히려 아이들 현재 반의 선생님이 전혀 계시지 않아 "맡아줄 선생님이 없으니, 유아원에서는 또 우리들이 아이들을 데리고 집으로 돌아갈 것을 요구했습니다."라고 하였다. 이 가장은 말하기를, 다수의 가장들이 다 무슨 일이 발생하였는가를 몰랐다고 하였다.

어제 낮 12시에, 평곡의 제4유아원에서, 문 밖으로부터 안으로 들어가 보니, 아이들의 활동은 볼 수 없었다. 근처 상점에서 말하기를, 아침 8 ~9시쯤, 유아원 입구를 많은 사람들이 에워싸고 있었는데, 매우 많은 가장들이 7시쯤 아이들을 보냈지만, 선생님이 다 없다는 것을 발견하고, 아이를 데리고 돌아갔다고 하였다. 또 다른 한 아이를 데리고 온 가장은 기자에게 말하기를 "유아원의 생활 선생님들도 아이를 볼 수 있어서, 그들은 우리에게 아이를 데리고 가도 좋고, 아이들 유아원에 두어도 된다."라고 했다고 하였다.

조사에 따르면, 제4유아원에는 600여 명의 아이들이 있다. 여러 명의 가장들의 소개에 의하면, 제4유아원 외에도, 제2, 제3유아원 역시 유사한 상황이 존재하여, 그날 아침 교사들이 모두 수업하지 않았다.

직역에 비해 한층 세밀한 의미를 전달하고 있다. 그러나 위의 제시문이 신문이라는 형식이라는 것을 감안하여 그 문체를 기사문과 유사하게 한국어를 정리해 나가는 과정이 필요하다.

３ 번역

본사 취재에 따르면, 어제 아침 7시쯤 북경의 평곡구에 위치한 제2, 제3, 제4공립유아원 3곳에서 50여 명의 교사들이 일제히 수업을 중지하고 교육위원회에 임금을 올려줄 것을 요구하였으며, 이로 인해 이 3곳 유아원의 유아들이 단시간 수업을 받지 못했다고 전하였다. 평곡구의 교육위원회는 "어제 오전 9시 반에, 이미 교사들을 유아원으로 돌아가

정상적으로 수업해줄 것을 설득하여, 유아원의 질서는 정상을 회복하였으며, 또한 정책규정집행에 의해 그들의 요구를 반영하여 유아원 교사들의 성과급과 임금을 개혁하여 한 단계 상향할 것이다."라고 하였다.

어제 아침 9시에 평곡구 제4유아원의 한 가장은 "아침 8시 전에 유아원에 보내야 하지만, 오히려 현재 아이들 반의 선생님이 아예 계시지 않자, 맡아줄 선생님이 없으니 유아원에서는 아이들을 데리고 집으로 돌아갈 것을 요구했습니다."라고 비판하였다. 또한 이 가장은 당시 대다수의 가장들이 다 무슨 일이 발생하였는지를 몰랐다고 덧붙였다.

어제 낮 12시 평곡의 제4유아원에서, 밖에서부터 안으로 들어가 보니, 아이들의 동태는 찾아볼 수 없었다. 근처에서 상점을 운영하고 있는 한 주인은 아침 8~9시쯤, 유아원 입구를 많은 사람들이 에워싸고 있었는데, 매우 많은 가장들이 7시쯤 아이들을 보냈지만, 교사가 한 명도 없다는 것을 발견하고, 아이를 데리고 돌아갔다고 말하였다. 한 아이를 데리고 온 또 다른 가장은 기자에게 말하기를 "유아원의 생활교사들도 아이를 볼 수 있어서, 그들은 우리에게 아이를 데리고 가도 좋고, 아이들 유아원에 두어도 된다."라고 했다고 하였다.

조사에 따르면, 제4유아원에는 600여 명의 아이들이 있다. 여러 명의 가장들은 제4유아원 외에도, 제2, 제3유아원 역시 유사한 상황이 존재하였고, 그날 아침 교사들이 모두 수업을 거부했다고 전하였다.

다음의 제시문을 통해 연습을 계속하도록 한다.

 제시문1 ◀中国护士缺口190万，报酬低压力大致人才流失严重▶

"一人生病全家陪床"。很多住院病人都曾遇到的这种无奈和尴尬，

"Yìrén shēngbìng quánjiā péichuáng." Hěn duō zhùyuàn bìngrén dōu céng yùdào de zhè zhǒng wúnài hé gāngà,

如今在全国仍未根本解决。

rújīn zài quánguó réng wèi gēnběn jiějué.

卫生部早在多年前就发文，确定我国医生和护士的比例应为1:2。而

Wèishēngbù zǎo zài duōnián qián jiù fāwén, quèdìng wǒguó yīshēng hé hùshì de bǐlì yīng wéi yī duì èr. Èr

卫生部新近公布的《2010中国卫生统计年鉴》显示，2009年我国执

wèishēngbù xīnjìn gōngbù de 《Èr líng yāo líng Zhōngguó wèishēng tǒngjì niánjiàn》 xiǎnshì, èr líng líng jiǔ nián wǒguó zhí

业医师数为190.5万，而注册护士数量仅为185.4万。也就是说，当前

yèyīshī shùwéi yìbǎijiǔshí diǎn wǔ wàn, ér zhùcè hùshì shùliàng jǐnwéi yìbǎibāshíwǔ diǎn sì wàn. Yě jiù shì shuō, dāngqián

医护比仅为1:0.97。

yīhù bǐ jǐnwéi yī duì líng diǎn jiǔ qī.

要达到1:2的理想医护比，注册护士缺口还差190万人，也就是说，现

Yào dádào yī duì èr de lǐxiǎng yīhù bǐ, zhùcè hùshì quēkǒu hái chà yìbǎijiǔshí wàn rén, yě jiù shì shuō, xiàn

有护士再增加一倍，才能达到原定标准。

yǒu hùshì zài zēngjiā yíbèi, cái néng dádào yuándìng biāozhǔn.

俗话说，"三分治疗，七分护理。"随着医学的发展，护理职业的专

Súhuà shuō, "sān fēn zhìliáo, qī fēn hùlǐ." Suízhe yīxué de fāzhǎn, hùlǐ zhíyè de zhuān

业技术含量越来越高，护理人员对病人恢复健康也发挥着越来越大

yè jìshù hánliàng yuè lái yuè gāo, hùlǐ rényuán duì bìngrén huīfù jiànkāng fāhuī zhe yuè lái yuè dà

的作用。而护士资源不足问题，虽然近几年在一定程度上得以缓解，

de zuòyòng. Ér hùshì zīyuán bùzú wèntí, suīrán jìn jǐnián zài yídìng chéngdù shàng déyǐ huǎnjiě,

但毕竟存在巨大缺口。

dàn bìjìng cúnzài jùdà quēkǒu.

究竟原因何在呢？有专家指出，一个主要原因，是长期以来我国医

Jiūjìng yuányīn hézài ne? Yǒu zhuānjiā zhǐchū, yíge zhǔyào yuányīn, shì chángqī yǐlái wǒguó yī

疗机构普遍存在重治疗、轻护理的状况。这表现在医疗价格体系严

liáo jīgòu pǔbiàn cúnzài zhòng zhìliáo、qīng hùlǐ de zhuàngkuàng. Zhè biǎoxiàn zài yīliáo jiàgé tǐxì yán

重扭曲，药费、检查费过高，而技术服务收费太低，合理的护理机制

zhòng niǔqū, yàofèi、jiǎncháfèi guògāo, ér jìshù fúwùfèi tài dī, hélǐ de hùlǐ jīzhì

仍未形成。

réng wèi xíngchéng.

此外，我国医疗机构的护理岗位严重缺编，也是一大直接原因。很

Cǐwài, wǒguó yīliáo jīgòu de hùlǐ gāngwèi yánzhòng quēbiān, yě shì yí dà zhíjiē yuányīn. Hěn

多医院认为，多一个护士就多一份支出，为了控制人力成本，严格控

duō yīyuàn rènwéi, duō yíge hùshì jiù duō yífèn zhīchū, wèile kòngzhì rénlì chéngběn, yángé kòng

制护士规模。

zhì hùshì guīmó.

另外一个不得不说的原因，是护士岗位报酬低、压力大，使得护理

Lìngwài yíge bùdébù shuō de yuányīn, shì hùshì gāngwèi bàochou dī、yālì dà, shǐde hùlǐ

人才流失严重。据《新闻晨报》5月12日报道，上海市治疗机构5年

réncái liúshī yánzhòng. Jù 《Xīnwén chénbào》 wǔ yuè shí'èr rì bàodào, Shànghǎishì zhìliáo jīgòu wǔ nián

来约有10%的护士流失，个别医院甚至高达30%。

lái yuē yǒu bǎifēn zhī shí de hùshì liúshī, gèbié yīyuàn shènzhì gāo dá bǎifēn zhī sānshí.

教育评估机构麦可思提供的调查数据显示，本科院校护理学专业

Jiàoyù pínggū jīgòu Màikěsī tígōng de diàochá shùjù xiǎnshì, běnkè yuànxiào hùlǐxué zhuānyè

2009届和2008届毕业生的平均月薪分别为2268元和1889元，均低于

èr líng líng jiǔ jiè hé èr líng líng bā jiè bìyèshēng de píngjūn yuèxīn fēnbiéwéi liǎngqiān liǎngbǎi liùshí bā yuán hé yìqiān bābǎi bāshí jiǔ yuán, jūn dī yú

全国各本科专业毕业生总体平均月薪(2369元和2113元)。

quánguó gè běnkè zhuānyè bìyèshēng zǒngtǐ píngjūn yuèxīn(liǎngqiān sānbǎi liùshí jiǔ yuán hé liǎngqiān yìbǎi shísān yuán).

高职院校护理学专业2009届和2008届的平均月薪，分别为1386元和
Gāozhí yuànxiào hùlǐxué zhuānyè èr líng líng jiǔ jiè hé èr líng líng bā jiè de píngjūn yuèxīn, fēnbiéwéi yìqiān sānbǎi bāshí liù yuán hé

1250元, 也低于全国各高职专业总体平均月薪(1890元和1647元)。
yìqiān liǎngbǎi wǔshí yuán, yě dī yú quánguó gè gāozhí zhuānyè zǒngtǐ píngjūn yuèxīn(yìqiān bābǎi jiǔshí yuán hé yìqiān liùbǎi sìshí qī yuán).

由于护理资源严重不足, 如今各大医院中出现了大量护理员, 协助
Yóuyú hùlǐ zīyuán yánzhòng bùzú, rújīn gè dàyīyuàn zhōng chūxiàn le dàliàng hùlǐyuán, xiézhù

护士进行护理工作。护理员在注册护士指导下, 为住院患者提供生
hùshì jìnxíng hùlǐ gōngzuò. Hùlǐyuán zài zhùcè hùshì zhǐdǎo xià, wèi zhùyuàn huànzhě tígōng shēng

活照顾, 工作内容包括清洁床单, 协助病人进餐、排泄和洗浴等。
huó zhàogù, gōngzuò nèiróng bāokuò qīngjié chuángdān, xiézhù bìngrén jìncān、 páixiè hé xǐyù děng.

不过, 当前医院配置的护理员数量, 仍难以满足患者一对一的护理需要。
Búguò, dāngqián yīyuàn pèizhì de hùlǐyuán shùliàng, réng nányǐ mǎnzú huànzhě yīduìyī de hùlǐ xūyào.

仅以养老护理员为例。中国新闻社11月25日的报道称, 截至2009年
Jǐn yǐ yǎnglǎo hùlǐyuán wéi lì. Zhōngguó xīnwénshè shíyī yuè èrshíwǔ rì de bàodào chēng, jiézhì èr líng líng jiǔ nián

低, 中国1.67亿老年人中, 失能老人达1036万人, 半失能老人有2123

dī, Zhōngguó yì diǎn liù qī yì lǎoniánrén zhōng, shīnéng lǎorén dá yìqiān sānshí

liù wàn rén, bàn shīnéng lǎorén yǒu liǎngqiān yìbǎi èrshí sān

万人，他们需要各种照料服务。但在养老服务领域。专业化人员十

wànrén, tāmen xūyào gèzhǒng zhàoliào fúwù. Dàn zài yǎnglǎo fúwù lǐngyù,

zhuānyèhuà rényuán shí

分缺乏，目前全国取得相关职业资格的仅有几万人。而我国养老护

fēn quēfǎ, mùqián quánguó qǔdé xiāngguān zhíyè zīgé de jǐn yǒu jǐ wàn rén. Ér

wǒguó yǎnglǎo hù

理员的潜在需求，在1000万人左右。

lǐyuán de qiánzài xūqiú, zài yìqiān wànrén zuǒyòu.

(≪中国青年报≫, 2010年 12月3日)

다음의 3단계를 거치면서 연습하도록 한다.

☐ 직역 ☞

② 의역 ☞

③ 번역 ☞

"慢慢的"一词最能说明中国人的特点。中国人甚至有"小心多福"、

"Mànmānde" yìcí zuì néng shuōmíng Zhōngguórén de tèdiǎn. Zhōngguórén

shènzhì yǒu "xiǎoxīn duōfú"、

"急人急死"这样的说法。此外，还有"枪打出头鸟"这样的劝人们消

"jírén jísǐ" zhè yàng de shuōfǎ. Cǐwài, háiyǒu "qiāng dǎ chūtóu niǎo" zhè yàng

de quàn rénmen xiāo

极应对的话。但现在一切都变了。甚至有这么一种说法：现在飞机

jí yìngduì de huà. Dàn xiànzài yíqiè dōu biàn le. Shènzhì yǒu zhème yìzhǒng

shuōfǎ: xiànzài fēijī

着陆后最先站起身的是中国人，性子急的中国人甚至在通道上推搡

zhuólù hòu zuì xiān zhàn qǐlái de shì Zhōngguórén, xìngzi jì de Zhōngguórén

shènzhì zài tōngdào shàng tuīsǎng

着前面的人下飞机。

zhe qiánmiàn de rén xià fēijī.

这一变化也反映到饮食文化中。中国人食物种类非常丰富，平时都

Zhè yí biànhuà yě fǎnyìng dào yǐnshí wénhuà zhōng. Zhōngguórén shíwù

zhǒnglèi fēicháng fēngfù, píngshí dōu

吃不完，喜欢慢慢品味美食，现在中国人的饭桌上快餐风正盛。美

chībùwán, xǐhuān mànmān pǐnwèi měishí, xiànzài Zhōngguórén de fànzhuō shàng

kuàicānfēng zhèng shèng. Měi

国晶牌的快餐店分店增加速度如旋风一般，创造了一个又一个让饮

guó jīngpái de kuàicāndiàn fēndiàn zēngjiā sùdù rú xuànfēng yìbān, chuàngzào le yíge yòu yíge ràng yǐn

食宗主国中国自尊心受伤的纪录。

shí zōngzhǔguó Zhōngguó zìzūnxīn shòushāng de jìlù.

最早登陆中国的洋快餐肯德基自1987年开设1号店以来，在中国的店

Zuì zǎo dēnglù Zhōngguó de yángkuàicān Kěndéjī zì yī jiǔ bā qī nián kāishè yíhào diàn yǐlái, zài Zhōngguó de diàn

而总数已突破1000家。有人甚至说，中国大城市的黄金地段都被肯

ér zǒngshù yǐ tūpò yìqiān jiā. Yǒurén shènzhì shuō, Zhōngguó dàchéngshì de huángjīn dìduàn dōu bèi Kěn

德基占领了，在刚开始开发的西部地区和东部沿海农村地区，也很

déjī zhànlǐng le, zài gāng kāishǐ kāifā de xībù dìqū hé dōngbù yánhǎi nóngcūn dìqū, yě hěn

容易看到肯德基的招牌。许多年轻人包里都带着三四张洋快餐的打

róngyì kàndào Kěndéjī de zhāopai. Xǔduō niánqīngrén bāo lǐ dōu dàizhe sānsì zhāng yángkuàicān de dǎ

折券，这也不再是稀奇事。

zhéquàn, zhè yě búzài shì xīqí shì.

洋快餐企业还积极开发适合中国人口味的菜晶，推出中国人喜爱的

Yángkuàicān qǐyè hái jījí kāifā shìhé Zhōngguórén kǒuwèi de càijīng, tuīchū Zhōngguórén xǐ'ài de

粥，还对以前的菜单进行改良，推出早餐系列。因为在中国双职工

zhōu, hái duì yǐqián de càidān jìnxíng gǎiliáng, tuīchū zǎocān xìliè. Yīnwèi zài Zhōngguó shuāng zígōng

家庭很多，许多家庭会选择一起外出吃早饭。许多中国本土快餐也

jiātíng hěn duō, xǔduō jiātíng huì xuǎnzé yìqǐ wàichū chī zǎofàn. Xǔduō Zhōngguó běntǔ kuàicān yě

加入竞争。然而，在引领中国经济的北京和上海，快餐已占到餐饮

jiārù jìngzhēng. Rán'ér, zài yǐnlǐng Zhōngguó jīngjì de Běijīng hé Shànghǎi, kuàicān yǐ zhàndào cānyǐn

锁售额的50%左右。快餐已开始主导中国的快饮产业。然而在销售

xiāoshòu'è de bǎi fēn zhī wǔshí zuǒyòu. Kuàicān yǐ kāishǐ zhǔdǎo Zhōngguó de kuàiyǐn chǎnyè. Rán'ér zài xiāoshòu'

额的5位的快餐企业中，中国本土企业仅占1席，其余均为外国企业。

è de wǔ wèi de kuàicān qǐyè zhōng, Zhōngguó běntǔ qǐyè jǐn zhàn yì xí, qíyú jūn wéi wàiguó qǐyè.

西方化的象徵------洋快餐在中国内地迅速扩散。越是经济增长

Xīfānghuà de xiàngzhēng------yángkuàicān zài Zhōngguó nèidì xùnsù kuòsàn. Yuè shì jīngjì zēngzhǎng

迅速的地区，洋快餐的锁售成绩越好，经济发展水平和快餐锁售额

xùnsù de dìqū, yángkuàicānde xiāoshòu chéngjì yuè hǎo, jīngjì fāzhǎn shuǐpíng hé kuàicān xiāoshòu'è

成正比。中国人吃饭的方式放弃"慢慢的"，将很快引发中国和中国

chéng zhèngbǐ. Zhōngguórén chīfàn de fāngshì fàngqì "mànmānde", jiāng hěn kuài yǐnfā Zhōngguó hé Zhōngguó

人DNA的改革。在中国要想取得餐饮加盟业的成功，需要和肯德基

rén DNA de gǎigé. Zài Zhōngguó yàoxiǎng qǔdé cānyǐn jiāméngyè de chénggōng, xūyào hé Kěndéjī

竞争，而不是中国企业，这一点需要记住。

jìngzhēng, ér búshì Zhōngguó qǐyè, zhè yì diǎn xūyào jìzhù.

（《经济参考报》，2010年 12月 3日）

다음의 3단계를 거치면서 연습하도록 한다.

☞ **1 직역** ☞

☞ **2 의역** ☞

☞ **3 번역** ☞

本报北京1月16日电1月15日，北京开启两会网络视频政务咨询，市
Běnbào Běijīng yī yuè shíliù rì diàn yī yuè shíwǔ rì, Běijīng kāiqǐ liǎnghuì
wǎngluò shìpín zhèngwù zīxún, shì

人大常委会、市政府38个部门通过内部网络接受市人大代表和政协
réndàchángwěihuì、shìzhèngfǔ sānshíbā ge bùmén tōngguò nèibù wǎngluò jiēshòu
shìréndàdàibiǎo hé zhèngxié

委员的"考试"。
wěiyuán de "kǎoshì".

通过视频对话系统，代表、委员直接发问，接受咨询的单位负责人
Tōngguò shìpín duìhuà xìtǒng, dàibiǎo、wěiyuán zhíjiē fāwèn, jiēshòu zīxún de
dānwèi fùzérén

当面回答。不到10分钟里，市住建委、市公安局、市教委等部门的
dāngmiàn huídá. Búdào shí fēnzhōng lǐ, shìzhùjiànwěi、shìgōngānjú、shìjiàowěi
děng bùmén de

访问次数已经过百。社保、食品安全、物价等也是代表、委员关注
fǎngwèn cìshù yǐjīng guò bǎi. Shèbǎo、shípǐnānquán、wùjià děng yě shì dàibiǎo、
wěiyuán guānzhù

的热点。北京市政协委员郭俊琴对转基因食品格外关注，她先后"点
de rèdiǎn. Běijīngshì zhèngxié wěiyuán Guō Jùn-qín duì zhuǎnjīyīn shípǐn géwài
guānzhù, tā xiānhòu "diǎn

将"市食品安全力综合协调处，市工商局食品处、注册处的负责人，
jiàng" shìshípǐnānquánbànzōnghéxiétiáochù, shìgōngshāngjúshípǐnchù、zhùcèchù de

fùzérén,

要求回答转基因食品现阶段如何监管，销售转基因食品在市场准入

yāoqiú huídá zhuǎnjīyīn shípǐn xiànjiēduàn rúhé jiānguǎn, xiāoshòu zhuǎnjīyīn

shípǐn zài shìchǎng zhǔn rù

方面是否需要特殊的规定等问题。

fāngmiàn shìfǒu xūyào tèshū de guīdìng deng wèntí.

截至15日21时，北京两会网络问政访问人次达到1100余人次，代

jiézhì shíwǔ rì èrshíyī shí, Běijīng liǎnghuì wǎngluò wènzhèng fǎngwèn réncì

dádào yìqiān yìbǎi yú réncì, dài

表、委员提出问题266个，有48个得到当场解答。

biǎo、wěiyuán tíchū wèntí liǎngbǎi liùshí liù ge, yǒu sìshí bā ge dédào dāngchǎng

jiědá.

(≪人民日报≫, 2011年 1月 17日)

다음의 3단계를 거치면서 연습하도록 한다.

① 직역 ☞

② 의역 ☞

③ 번역 ☞

10) 인터넷을 통한 중한번역 연습

인터넷에서 벗어난 삶은 상상하기 힘든 사회가 되었다. 대화를 하거나 회의를 진행할 때도 일정 부분에 대해 의문이 생기게 되면, 즉석에서 스마트폰을 통해 궁금증을 해결한다. 다녀오지 않은 곳에 대해서도 검색을 통해 그 현장을 생생히 볼 수 있다. 앞에서 거론한 형식들은 인터넷 안에 종합되어 있어서 지금을 살고 있는 이들은 '책을 구입해서 보아야 하는, 신문이나 잡지를 구독해야 하는, 어떤 지식이나 정보를 얻기 위해 발품을 팔아 애써 가보아야 하는' 이유를 알지 못한다. 인터넷의 편리성과 유용성 이면에 잠재된 부작용과 폐단 역시 간과할 수 없지만, 여하튼 인터넷에 소개되고 있는 문장을 접하는 것은 일상이 되었다. 따라서 중한번역을 연습하는 과정에 있어, 그 도구로 인터넷의 문장들을 손쉽게 이용할 수 있다.

다음에 소개한 예시문을 통해 인터넷에 탑재된 일단의 문장을 단계적으로 번역해 나아가는 요령에 대해 살펴보면 다음과 같다.

 예시문 ◀现代女性地位提升，困惑依旧▶

近日，由全国妇联和国家统计局联合组织实施的第二期中国妇女社
Jìnrì, yóu quánguó fùlián hé guójiā tǒngjìjú liánhé zǔzhī shíshī de dì èr qī zhōngguó fùnǚ shè

会地位抽样调查公布结果，这是继1990年第一期中国妇女社会地位
huì dìwèi chōuyàng diàochá gōngbù jiéguǒ, zhè shì jì yī jiǔ jiǔ líng nián dì yī qī Zhōngguó fùnǚ shèhuì dìwèi

调查后的又一次全国性大型抽样调查。此次调查将"妇女社会地

diàochá hòu de yòu yī cì quánguóxìng dàxíng chōuyàng diàochá. Cǐ cì diàochá jiāng "fùnǚ shèhuì dì

位" 定义为：不同群体妇女在社会生活和社会关系中与男性相比较

wèi" dìngyìwéi: bùtóng qúntǐ fùnǚ zài shèhuì shēnghuó hé shèhuì guānxi zhōng yǔ nánxìng xiāng bǐjiào

的权利、资源、责任和作用、被社会认可的程度。调查较为全面描

de quánlì · zīyuán · zérèn hé zuòyòng · bèi shèhuì rènkě de chéngdù. Diàochá jiào wéi quánmiàn miáo

述和反映了20世纪90年代以来中国妇女社会地位状况及变化。

shù hé hǎnyìng le èr shí shìjì jiǔ shí niándài yǐlái Zhōngguó fùnǚ shèhuì dìwèi zhuàngkuàng jí biànhuà.

(living.sina.com.cn 2001.09.14)

1 직역

◀ 현대 여성의 지위가 향상되었지만 어려움은 여전 ▶

최근 전국부녀연합회와 국가통계국이 연합해 조직하여 실시한 제2기 중국부녀사회지위에 대한 표본조사에서 그 결과를 발표하였는데, 이는 1990년 제1기 중국부녀사회지위에 대한 조사에 이은 또 한 차례의 전국적인 대형 표본조사이다. 이번 조사에서는 '부녀의 사회 지위'를 여러 집단의 부녀들이 사회생활과 사회관계에서 남성과 서로 비교되는 권리·자원·책임과 작용 및 사회로부터 인정되는 정도라고 정의하였다. 조사는 20세기 1990년 이래 중국 부녀의 사회 지위 현황과 변화를 비교적 전면적으로 기술하고 반영하였다.

원문에 충실한 직역이니만큼 여러 곳이 어색하다. 따라서 이를 정리하는 의역의 단계를 거쳐야 한다.

1 의역

◀ 현대 여성의 지위가 향상되었지만 곤혹은 여전 ▶

최근 전국여성연합회와 국가통계국이 연합하여 실시한 제2기 중국여성사회지위에 대한 표본조사에서 그 결과를 발표하였다. 이는 1990년 제1기 중국여성사회지위에 대한 조사에 이은 또 한 차례의 전국적인 대형 표본조사이다. 이번 조사에서는 '여성의 사회 지위'를 여러 집단의 여성들이 사회생활과 사회관계에서 남성과 비교되는 권리·자원·책임과 역할 및 사회로부터 인정받는 정도라고 정의하였다. 조사는

1990년 이래 중국 여성의 사회 지위 현황과 변화를 비교적 전면적으로
기술하고 반영하였다.

직역에 비해서는 상당부분 정리되었다. 그러나 역시 최종 단계는 번역의 단계
이다.

3 번역

◀ 현대 중국 여성의 향상된 지위와 여전한 곤혹 ▶

최근 전국여성연합회와 국가통계국은 연합하여 제2기 '중국 여성의
사회적 지위'에 대한 표본조사를 실시하였으며 그 결과를 발표하였다.
이는 1990년에 실시한 제1기 '중국 여성의 사회적 지위'에 대한 조사
에 이은 것으로 전국적 규모의 대형 표본조사였다. 이번 조사에서는
'여성의 사회 지위'를 '여러 집단의 여성들이 사회생활과 사회적 관계
에서 남성과 비교되는 권리·자원·책임과 역할 및 사회로부터 인정
받는 정도'라고 정의하였다. 이 조사는 1990년 이후 중국 여성의 사회
적인 지위 현황과 변화를 비교적 전면적으로 기술하고 반영하고 있다.

이 역시 위의 원문에 대한 정답은 아니다. 그러나 완전한 번역을 위해서는 한
단계 한 단계를 거치며 훈련해야만 한다.

다음의 제시문을 통해 연습을 계속하도록 한다.

제시문1 ◀韩国发生新的高致病性禽流感疫情 ▶

韩国农林部20日确认，韩国忠清南道天安市的一家养鸡场发生了高
Hánguó nónglínbù èrshí rì quèrèn, Hánguó Zhōngqīngdào Tiānānshì de yījiā yǎngjīcháng fāshēng le gāo

致病性禽流感疫情。韩国政府已经决定将发生疫情的养鸡场周边半
zhìbìxìng qínliú gǎn yìqíng. Hánguó zhèngfǔ yǐjīng juédìng jiāng fāshēng yìqíng de yǎngjīcháng zhōubiān bàn

径500米以内的范围定为"污染地域"，对该区域内的约27.3万只鸡、
jìng wǔbǎi mǐ yǐnèi de fànwéi dìngwéi "wūrǎn dìyù", duì gāi qūyù nèi de èrshíqī diǎn sān wànzhī jī、

38.6万只鸭和6000头猪进行扑杀填埋处理。
sānshíbā diǎn liù wànzhī yā hé liùlínglínglíng tóu zhū jìnxíng pūshā tiánmái chǔlǐ.

(CCTV.com.cn 2007.01.21)

다음의 3단계를 거치면서 연습하도록 한다.

1 직역 ☞

2 의역 ☞

3 번역 ☞

제시문 2 ◀ 非盟授权在索马里部署维和部队 ▶

非洲联盟20日发表公报宣布, 自即日起授权在索马里部署一支7600
Fēizhōu liáméng èrshí rì fābiǎo gōngbào xuānbù, zì jírì qǐ shòuquán zài Suǒmǎlǐ bùshǔ yīzhī qīqiānliùbǎi

多人的维和部人, 以协助索马里过渡政府稳定全国局势。这支维和
duō rén de Wéihébùduì, yǐ xiézhù Suǒmǎl guòdù zhèngfǔ wěndìng quánguó júshì, Zhè zhī Wéihé

部队任期初步定为6个月, 最终将由联合国接管索马里维和任务。
bùduì rènqī chūbù dìngwéi liù ge yuè, zuìzhōng jiāng yóu liánhéguó jiēguǎn Suǒmǎlǐ Wéihé rènwù.

(CCTV.com.cn 2007.01.21)

다음의 3단계를 거치면서 연습하도록 한다.

① 직역 ☞

② 의역 ☞

③ 번역 ☞

据法国媒体20日报道，法国航空公司表示，如果国际原油价格持续

Jù fǎguó méitǐ èrshí rì bàodào, fǎguó hángkōng gōngsī biǎoshì, rúguǒ guójì

yuányóu jiàgé chíxù

稳定在每桶55美元以下，法航将从2月初开始把远程机票燃油附加税

wěndìng zài měi tǒng wǔshíwǔ měiyuán yǐxià, fǎ háng jiāng cóng èr yuè chū

kāishǐ bǎ yuǎnchéng jīpiào rányóu fùjiāshuì

下调7欧元。这是法航自去年10月以来第二次降低该项费用。

xià tiáo qī ōu'yuán. Zhè shì fǎ háng zì qùnián shí yuè yǐlái dì èr cì jiàngdī gāi

xiàng fèiyòng.

(CCTV.com.cn 2007.01.21)

다음의 3단계를 거치면서 연습하도록 한다.

[1] 직역 ☞

[2] 의역 ☞

[3] 번역 ☞

2. 중한번역 연습을 마치며

중한번역에 있어 그 오류를 예방하기 위한 사전 지식에 이어, 10가지의 형식을 가지고 중한번역의 실전을 훈련하였다.

이러한 <직역 → 의역 → 번역>의 3단계를 토대로 하는 훈련법의 누적은 향후 능숙한 번역가가 되기 위한 기초 학습이다. 다소 번거롭다는 생각을 가질 수도 있겠지만, 이는 마치 소설가를 꿈꾸는 이가 저명한 소설가의 작품을 읽고 그 내용을 처음부터 끝까지 원고지에 써보는 고루한 작업을 반복하는 것과 동일하다고 할 수 있다.

어떠한 일이든지, 한 발 한 발 떼어 놓으며 넘어지고 다시 또 일어나 걷는 걸음마의 과정이 생략된 채 걷고 뛸 수는 없다. 이는 세상의 이치이다. 어떤 분야에 있어 인정받는 사람이 되고자 한다면, 그것을 위해 정성껏 공을 쌓는 과정은 생략할 수 없다. 하늘로부터 천재성을 부여받지 않고서는 그럴 수도 없지만, 그럴 수 있다고 해도 곧 한계에 부딪히게 될 것이다.

번역을 연습하면서 이상의 3단계가 정착된다면, 3단계를 마무리하는 시간은 점차 신속해질 것이며, 번역의 고수에 위치한 후에는 이러한 과정이 굳이 지면을 빌리지 않고라도 가능해질 수 있다.

참고문헌

박경자 · 장영준 공역, ≪번역과 번역하기≫, 고려대학교 출판부, 2000.

안정효 저, ≪번역의 테크닉≫, 현암사, 1996.

김재현 저, ≪번역의 원리와 실제≫, 한신문화사, 1990.

최정화 저, ≪최정화 교수의 통역 번역 노하우≫, 넥서스, 2001.

김난미 · 김진곤 · 김진아 · 김혜림 공저, ≪통역번역핵심가이드북≫, 현학사, 2005.

박종한 지음, ≪한 번만 읽으면 훤해지는 중국어번역테크닉≫, 중국어왕, 2004.

장석민 · 전기정 공저, ≪중국어 한중번역 시사작문 45≫, 시사중국어문화원, 2002.

장현주 저, <중한번역의 논리 연결 연구>, 한국외국어대학교 박사학위논문, 2006.

박종한 저, <중국어 번역 기법의 모색>, 중국어문학 32-1, 1998.

_____, <중한번역에서 부딪치는 몇 가지 문제점>, 중국언어연구 6, 1998.

백수진 저, <중한 조응 비교와 번역>, 한국번역학회 번역학연구 2-1, 2001.

백은희 저, <중한번역에서 나타나는 오역의 유형분석>, 중국학보 47집, 2003.

손지봉 저, <傅雷의 번역관 고찰>, 중국학연구 제52집, 2010.

柳英绿 著, ≪韩汉翻译基础≫, 延边大学出版社, 2002.

http://www.cctv.com

http://www.chinaro.com

http://www.zaochina.com

http://www.xys.org

http://www.hanqing.com

http://www.chinesestudy.com

http://www.myhome.netsgo.com/shaolin4

http://www.cinenote.com

http://www.cyberchina.chollian.net

http://www.usew.chollian.net/～cyj3150

http://www.nihaoma.com

부 록

한자능력검정시험
급수별 배정한자 3500자[13]

8급(50자)

0001 火 兄 韩 学 八 土 七 寸 青 中 弟 长 日 一 二 月 外 王 十 室 0020

0021 水 小 先 西 生 人 五 三 山 四 父 白 民 门 木 母 万 六 东 大 0040

0041 北 年 女 南 金 军 国 九 校 教 0050

7급(100자)

0051 後 孝 活 话 花 海 汉 夏 下 便 出 春 秋 村 草 川 天 千 直 纸 0070

0071 地 重 住 主 左 足 休 平 正 电 祖 前 全 场 自 字 子 入 邑 育 0090

0091 有 右 然 语 安 心 食 植 时 市 数 手 所 少 世 姓 夕 色 午 上 0110

0111 算 事 夫 不 百 方 物 文 问 命 名 面 每 立 林 里 老 力 来 登 0130

0131 洞 同 动 冬 道 答 男 农 内 记 气 旗 口 空 工 车 江 间 歌 家 0150

6급(150자)

0151 画 会 黄 和 号 形 现 向 行 幸 合 风 表 太 亲 体 清 窗 集 注 0170

0171 昼 族 训 第 庭 定 特 通 朝 题 战 才 在 章 昨 作 者 医 衣 意 0190

0191 饮 音 银 由 油 远 园 运 用 勇 温 永 业 言 阳 洋 药 弱 野 夜 0210

0211 爱 失 身 神 新 信 式 始 胜 习 术 树 孙 速 消 省 成 雪 线 石 0230

0231 席 书 英 社 死 使 部 本 服 病 别 番 放 发 朴 美 米 闻 目 明 0250

0251 理 李 利 绿 路 礼 例 乐 等 头 童 读 度 图 待 对 代 堂 短 多 0270

13) 이하에 수록하는 8~1급까지의 한자는 hanja.naver.com을 참고하였다.

0271 分级急今近根郡班反半球区交光科果功共公高 0290

0291 苦古计界京开强感角各 0300

5급(200자)

0301 黑效化湖许害寒河笔必品败板宅炭卓打他则致 0320

0321 充祝最初铁责唱叁着质知止周州罪终种卒调凶 0340

0341 情停店节切患操展典传赤的贮争财灾材再任以 0360

0361 伟位愿院原元雄云雨牛友浴要曜完屋叶热亿鱼 0380

0381 渔养约案恶儿实臣识示顺宿首束洗岁性说鲜选 0400

0401 船善仙序因耳赏相商产查思写士史仕氷鼻费比 0420

0421 奉福兵变法倍无卖买望亡末马陆类流料劳旅量 0440

0441 良冷独都岛到德当谈坛团朗落念吉汽期技己基 0460

0461 给规贵局领令练历能旧救具桥广关观过课曲考 0480

0481 固告轻竞景敬结决见格建健件举去客改可加价 0500

4급(500자)

0501 希兴吸回确货护户好呼惠协血贤验虚香乡解航 0520

0521 港限丰票态快侵齿置治测取虫忠蓄筑铳总请处 0540

0541 创察次进真职至支指志增众准竹走宗尊鸟造暴 0560

0561 炮布包制祭济提制政接绝破波退统早助际除田 0580

0581 敌低障将认议义应阴恩肉为圆员容谣往玉误荣 0600

0601 研烟演逆如羊液压暗眼深申息诗试视是施承纯 0620

0621 收授守受续俗素笑扫细税势诚声圣盛星城设精 0640

0641 程引印益移艺状想床常杀谢舍师寺贫飞非悲备 0660

0661 府富妇副复步宝报保边壁罚伐配背拜防访房博 0680

0681 密未味武务牧毛脉满律留论录怒丽两罗灯得豆 0700

0701 斗铜督毒导队带党担达端檀断单卫馀修送佛努 0720

0721 难暖起器禁极权宫列连究求句官故系警经庆境 0740

0741 缺洁检个讲康监减街假秘喜厚候灰况华红混婚 0760

0761 或刑显革险宪核抗闲恨避疲标爆篇判讨择探脱 0780

0781 叹弹称针寝层趣就缩推招听厅泉册采赞差阵尽 0800

0801 珍织志智持证酒朱周座锺从存组挥胞闭评帝整 0820

0821 丁点占折钱转环欢派斗投通潮条专适贼绩籍积 0840

0841 底装肠张帐奖壮杂残资姿姊疑仪依隐遗游慰威 0860

0861 委围危源援怨邮遇优映铅缘燃延严样额氏崇肃 0880

0881 叔秀损属舌宣静仁异豫迎营象伤散辞丝私射碑 0900

0901 批负否复伏普辩范犯妨发拍舞妙墓模鸣勉妹离 0920

0921 轮柳龙虑粮略逃盗徒段儒乳易域与颂松粉愤览 0940

0941 卵乱纳纪机寄奇筋勤剧均归卷劝券穷屈群君烈 0960

0961 构矿管攻孔骨困谷库孤鸡阶继系戒季惊镜倾犬 0980

0981 坚激击俭杰据拒巨居更降甲甘敢简看干觉刻暇 1000

3급(817자)

1001 凉稀戏胸横获划怀悔荒皇祸洪忽魂惑豪虎胡浩 1020

1021 慧衡胁穴玄悬献响项恒陷含割汗鹤贺荷何毕被 1040

1041 皮彼枫片偏版吐泽泰殆汤塔夺浸沈漆稚耻值侧 1060

1061 醉 吹 冲 畜 追 催 触 促 超 肖 础 滞 彻 哲 迁 践 贱 浅 拓 戚 1080

1081 尺 妻 策 菜 彩 债 苍 昌 仓 赞 错 此 借 徽 执 秩 疾 震 陈 镇 1100

1101 辰 振 池 枝 之 蒸 症 曾 憎 即 仲 铸 珠 洲 株 柱 宙 奏 坐 纵 1120

1121 浦 捕 肺 弊 废 编 诸 顶 净 征 廷 亭 井 渐 还 换 透 租 照 兆 1140

1141 齐 殿 迹 迹 笛 摘 寂 著 抵 载 裁 栽 藏 葬 庄 脏 妆 掌 丈 潜 1160

1161 暂 紫 慈 刺 赁 壬 逸 已 淫 乙 润 诱 裕 维 犹 柔 悠 幽 幼 伪 1180

1181 越 韵 羽 忧 愚 宇 偶 辱 欲 欲 缓 瓦 狱 乌 悟 影 盐 炎 染 悦 1200

1201 软 燕 沿 宴 驿 译 疫 抑 忆 御 让 扬 壤 若 哀 央 仰 岩 颜 岸 1220

1221 雅 阿 芽 牙 我 亚 双 甚 审 慎 饰 侍 升 僧 乘 袭 拾 湿 述 瞬 1240

1241 旬 巡 熟 淑 需 随 输 兽 殊 愁 帅 寿 垂 诉 苏 疏 烧 禅 旋 释 1260

1261 惜 署 绪 恕 徐 索 塞 贞 忍 翼 誉 霜 详 裳 桑 尚 丧 偿 像 森 1280

1281 削 邪 词 蛇 祀 沙 斜 司 肥 婢 妃 卑 赋 腐 簿 符 浮 扶 付 凤 1300

1301 逢 峰 封 覆 腹 谱 补 丙 碧 凡 繁 伯 辈 排 培 芳 拔 饭 微 尾 1320

1321 勿 纹 默 墨 贸 茂 蒙 梦 没 睦 貌 谋 慕 铭 灭 绵 眠 免 盟 盲 1340

1341 猛 孟 麦 梅 媒 妄 晚 莫 漠 幕 麻 磨 临 里 履 吏 陵 隆 率 栗 1360

1361 伦 累 漏 楼 雷 赖 弄 禄 露 炉 历 励 梁 凉 郎 浪 络 冻 突 陶 1380

1381 途 渡 桃 刀 倒 贷 台 糖 唐 踏 淡 旦 但 丹 茶 谓 胃 役 亦 衰 1400

1401 锁 刷 讼 拂 纷 奋 奔 附 廊 兰 栏 诺 娘 脑 奴 耐 紧 骑 祈 畿 1420

1421 其 企 及 锦 禽 琴 克 菌 鬼 拳 弓 菊 般 盘 迫 薄 灵 岭 宁 裂 1440

1441 炼 莲 联 恋 泥 拘 久 丘 较 巧 怪 坏 狂 馆 贯 惯 宽 冠 夸 寡 1460

1461 贡 恭 恐 供 谷 哭 鼓 稿 姑 溪 械 桂 契 启 顷 耕 硬 径 谦 兼 1480

1481 诀 隔 剑 乾 距 盖 概 介 钢 纲 刚 鉴 肝 恳 干 刊 阁 脚 架 佳 1500

1501 侯 晓 扩 禾 鸿 弘 昏 毫 互 乎 兮 萤 亨 嫌 县 弦 轩 享 该 奚 1520

1521 亥 巷 咸 旱 匹 漂 贝 贩 颇 怠 贪 诞 濯 浊 托 妥 堕 枕 臭 逐 1540

1541 丑 丑 抽 聪 烛 秒 抄 递 逮 替 晴 妾 添 尖 荐 斥 畅 惭 惨 捉 1560

1561 且 惩 佺 迟 只 赠 遵 俊 舟 佐 拙 携 辉 毁 幅 饱 抱 蔽 币 遍 1580

1581 堤 蝶 窃 丸 获 罢 播 把 燥 吊 滴 宰 哉 墙 酌 爵 兹 恣 夷 矣 1600

1601 宜 凝 泣 吟 闺 酉 愈 惟 唯 云 尤 又 于 庸 遥 腰 摇 畏 曰 卧 1620

1621 翁 拥 污 娱 呜 泳 阅 汝 余 予 焉 於 杨 跃 耶 也 厄 涯 殃 押 1640

1641 谒 雁 岳 饿 寻 辛 晨 伸 矢 戍 唇 殉 循 孰 须 虽 遂 谁 睡 搜 1660

1661 囚 粟 骚 蔬 昭 召 涉 摄 析 昔 逝 誓 署 敍 庶 订 寅 姻 而 吾 1680

1681 傲 锐 咏 祥 尝 朔 赐 诈 斯 舍 巳 似 聘 频 宾 赴 蜂 卜 并 屏 1700

1710 辨 翻 烦 杯 邦 傍 仿 蜜 敏 悯 迷 眉 雾 戊 苗 庙 卯 某 暮 募 1720

1721 冒 侮 冥 埋 茫 冈 忙 忘 漫 慢 隣 梨 泪 屡 僚 了 鹿 隶 谅 掠 1740

1741 腾 钝 屯 豚 敦 笃 跳 稻 挑 涂 畜 违 纬 舆 诵 朋 崩 坟 滥 恼 1760

1761 奈 乃 那 饥 岂 欺 弃 既 忌 几 肯 谨 斤 仅 纠 叫 轨 厥 龟 驱 1780

1781 返 叛 伴 泊 零 猎 廉 劣 怜 苟 狗 惧 俱 郊 矫 愧 块 挂 郭 坤 1800

1801 顾 枯 系 癸 竟 庚 卿 遣 肩 绢 牵 乞 皆 慨 渴 奸 却 1817

2급(538자)

1818 霸 碍 俛 羲 禧 熹 熙 憙 嬉 姬 噫 钦 埙 勋 喉 后 淮 桧 淏 1837

1838 晃 滑 靴 桦 嬅 泓 酷 镐 祜 皓 濠 浩 皓 昊 扈 壕 馨 邢 炯 滢 1857

1858 型 峡 铉 炫 弦 岘 赫 爀 杏 沆 亢 陕 舰 翰 虐 泌 弼 冯 杓 扁 1877

1878 彭 阪 台 胎 台 兑 耽 滩 托 琢 雉 崎 聚 炊 衷 冲 椿 轴 蹴 邹 1897

1898 趋 楸 崔 蜀 焦 楚 哨 缔 谍 瞻 撤 撒 哲 钏 只 陟 凄 采 蔡 垛 1917

1918 沧 昶 敞 彰 斩 札 刹 餐 钻 瓒 璨 灿 遮 辑 窒 诊 秦 津 晋 尘 1937

1938 稷 稙 芝 脂 旨 址 骏 浚 浚 晙 峻 埈 准 驻 畴 综 琮 钓 赵 匈 1957

1958 怵 徽 薰 熏 鲍 铺 葡 抛 怖 坪 剂 鼎 珽 汀 桢 晶 旌 呈 侦 焕 1977

1978 桓 幻 坡 祚 曹 措 雕 甸 沮 蒋 璋 獐 庄 蚕 雌 谘 磁 滋 妊 镒 1997

1998 壹 佾 怡 伊 鹰 阊 殷 垠 融 铊 胤 尹 允 踰 榆 庾 渭 尉 袁 苑 2017

2018 瑗 媛 熊 郁 蔚 芸 顼 郁 煜 昱 旭 禹 祐 佑 镛 熔 瑢 熔 溶 佣 2037

2038 耀 姚 妖 尧 歪 倭 汪 旺 莞 雍 邕 瓮 稳 钰 沃 梧 墺 映 烨 阎 2057

2058 厌 衍 砚 渊 妍 彦 襄 娘 惹 俑 艾 埃 鸭 癌 阏 握 洴 肾 绅 轼 2077

2078 湜 殖 柴 尸 绳 升 瑟 荀 舜 盾 珣 淳 洵 隋 铢 洙 邵 绍 沼 巢 2097

2098 贲 晟 燮 陕 蟾 纤 暹 薛 卤 缮 璇 璇 瑄 锡 硕 晰 奭 舒 瑞 郑 2117

2118 艇 祯 刀 翊 贰 珥 吴 预 芮 睿 瀓 盈 莹 瑛 箱 庠 插 蓼 酸 伞 2137

2138 饲 赦 泗 唆 彬 毗 毖 匪 丕 鹏 肤 敷 傅 蓬 缝 俸 馥 辅 甫 潽 2157

2158 秉 炳 柄 昺 晒 并 弁 卞 僻 范 泛 阀 筏 柏 赔 裴 俳 庞 纺 旁 2177

2178 钵 渤 闵 珉 玟 旼 旻 弥 絮 汶 昂 穆 沐 谟 茅 矛 牟 帽 蔑 沔 2197

2198 冕 觅 貊 魅 枚 网 鞑 蛮 湾 娩 膜 魔 麻 摩 麟 楞 岽 谬 硫 刘 2217

2218 辽 疗 笼 鹭 鲁 芦 卢 醴 骊 砺 庐 吕 辆 梁 亮 莱 洛 裸 邓 詟 2237

2238 藤 杜 董 栋 桐 瓦 顿 炖 惇 焘 悼 德 戴 垈 塘 胆 潭 锻 湍 溺 2257

2258 俞 魏 韦 宋 弗 芬 阜 釜 拉 蓝 烂 尿 浓 麒 骥 骐 耆 箕 玑 琪 2277

2278 琦 淇 沂 棋 岐 冀 兢 瑾 槿 闺 圭 揆 奎 圭 阙 圈 窟 掘 鞠 鸥 2297

2298 邱 购 磻 潘 搬 舶 玲 濂 炼 涟 尼 玖 欧 胶 绞 侨 槐 傀 琯 款 2317

2318 菓 瓜 戈 串 雇 皋 琼 璟 炅 儆 甄 揭 憩 桀 杰 键 坑 垲 价 疆 2337

2338 强 岗 冈 姜 钾 岬 邯 憾 鞨 葛 艮 杆 珏 迦 轲 贾 柯 伽 2355

1급(1145자)

2356 疟庖撑猪舐冤崛婴痒雏姚模麹呆惆几颧诘牺洽 2375

2376 恰歆欠痕欣逅朽嗅吼酵爻嗑哞贿诲蛔脍绘晦恢 2395

2396 徊遑煌慌惶恍徨凰阔猾鳏骊讧虹哄笏惚浑糊瑚 2415

2416 琥狐弧醢彗荆颊狭挟侠炫绚眩歙墟嘘飨向劲骸 2435

2436 骇邂谐楷懈咳偕肛缸蛤盒咸衔缄涵槛喊函辖罕 2455

2456 瀚悍谑壑霞遐虾瑕逼乏乒披讽禀飘豹懔剽瀑曝 2475

2476 愎膨澎稗牌沛悖呗佩办桶怵摅跆苔笞汰荡宕搭 2495

2496 耽绽惮坦吞铎擢驼陀舵椭惰唾秤蛰针砧救驰致 2515

2516 痴痔炽帜嗤侈恻脆娶赘萃膵悴黜鳅锤锤锥酋 2535

2536 刍枢椎坠撮宠豕丛忖嘱醋貂蕉稍礁硝炒樵梢憔 2555

2556 谛涕贴叠牒捷帖谄签仝辙缀凸阐穿擅喘脊瘠涤 2575

2576 掷凄栅寨菖舱胀疮猖涨枪怆厂娼倡谶谗站忏垩 2595

2596 懵擦馔纂篡撰凿窄榨蹉嗟叉澄朕斟迭跌膣桎帙 2615

2616 嫉叱疹嗔脂祉积挚罘茸汁栉蠢竣樽辕踌诛注绌 2635

2636 纣厨喉咒胄做挫踵踪肿苁猝簇阻遭躁诏藻肇缫 2655

2656 糟粗汹凶恤麾讳汇喙卉喧晕迪褒袍蒲脯疱泡囿 2675

2676 哺咆匍陛毙萍贬骗鞭梯悌啼碇睛盯挺帧沾粘截 2695

2696 饯颤颠铨辗缠篆箭笺宦唤跛芭琶爬巴婆愍妒套 2715

2716 颓褪腿槌堆筒稠眺爪漕槽枣曹嘲凋蹄癫煎淀毡 2735

2736 栓悛尘奠填剪迹谪狄嫡邸躇诅箸狙咀铮斋滓酱 2755

2756 蔷浆樯杖匠仗簪篪盏栈鹊雀芍绰炸灼嚼勺藉蔗 2775

2776 疵瓷煮炙仔孕剌溢佚韧蚓弛姨谊毅椅拟膺揖荫 2795

2796 绒 戎 铩 蹂 谕 谀 愈 游 柚 揄 愉 宥 喻 鸳 猿 陨 耘 殒 隅 迂 2815

2816 虞 寓 踊 蓉 茸 耸 涌 饶 邀 窑 窈 扰 挠 拗 寥 夭 凹 侥 猥 巍 2835

2836 矮 柱 顽 阮 腕 玩 宛 婉 讹 蜗 涡 壅 蕴 懊 寤 奥 艳 焰 涅 鸢 2855

2856 筵 橼 捐 绎 掩 奄 俨 谚 堰 臆 御 瘀 圄 酿 疡 攘 恙 苟 爷 揶 2875

2876 冶 莺 樱 腋 缢 扼 霭 隘 暧 崖 鸯 秧 昂 怏 暗 庵 轧 斡 鞍 晏 2895

2896 按 颚 愕 垩 讶 庵 哑 俄 什 悉 迅 讯 蜃 薪 烬 宸 娠 呻 蚀 熄 2915

2916 拭 豺 谥 猜 柿 弑 媤 匙 丞 膝 驯 醇 笋 菽 夙 塾 髓 酬 袖 搜 2935

2936 羞 绣 粹 竖 穗 瘦 狩 戍 嫂 逊 赎 溯 逍 萧 箫 瘙 疏 苏 梳 搔 2955

2956 宵 塑 醒 闪 歼 渫 泄 泄 屑 铣 膳 腺 羡 煽 扇 焉 鼠 黍 薯 胥 2975

2976 犀 栖 曙 抒 屿 婿 甥 牲 靖 锭 钉 酊 阱 湮 咽 翌 饵 痍 尔 伍 2995

2996 诣 裔 秽 曳 啬 玺 觞 翔 爽 孀 涩 渗 萨 煞 撒 疝 珊 删 麝 蓑 3015

3016 纱 祠 狮 泻 徙 娑 奢 嗣 些 凭 濑 滨 殡 嫔 嚬 鄙 譬 诽 裨 蜚 3035

3036 臂 脾 翡 绯 秕 砒 痹 琵 沸 扉 惫 庇 匕 赙 讣 芙 腑 斧 孵 埠 3055

3056 咐 剖 俯 锋 烽 棒 捧 鳆 辐 匐 仆 菩 狀 堡 饼 瓶 鳖 瞥 辟 癖 3075

3076 璧 擘 劈 泛 泛 梵 帆 藩 蕃 魄 帛 陪 胚 湃 徘 谤 膀 肪 榜 枋 3095

3096 昉 彷 帮 尨 坊 魅 酰 跋 泼 拨 勃 颁 朴 扑 搏 剥 谧 闷 靡 薇 3115

3116 媚 蚊 诬 芜 亩 毋 抚 姆 忤 巫 猫 渺 杳 描 殁 耗 牡 摸 袂 酩 3135

3136 螟 皿 溟 暝 缅 眄 棉 萌 迈 骂 煤 昧 寐 芒 袜 沫 抹 鳗 鳗 挽 3155

3156 蔓 瞒 挽 弯 乐 寞 粒 笠 淋 鳞 躏 磷 吝 厘 里 罹 篱 痢 悧 俚 3175

3176 菱 绫 稜 凌 凛 肋 勒 栗 纶 沦 戮 瘤 琉 溜 陋 垒 聊 了 燎 寮 3195

3196 赂 磊 牢 偻 聋 珑 垅 麓 碌 虏 掳 捞 龄 黎 闾 滤 戾 侣 梁 俩 3215

3216 狼 烙 逻 螺 癞 拿 懒 橙 遁 臀 痘 兜 胴 瞳 疼 懂 沌 秃 渎 镀 3235

3236 蹈 赌 萄 祷 睹 涛 滔 淘 捣 掉 屠 堵 袋 抬 螳 棠 撞 遝 谭 痰 3255

3256 澹 昙 憺 疸 挞 蛋 缎 箪 匿 萎 碎 洒 悚 绷 硼 棚 佛 霁 粪 盆 3275

3276 焚 扮 忿 喷 吩 驸 蜡 腊 篮 辣 刺 鸾 澜 骆 酪 囊 衲 脓 弩 弩 3295

3296 捻 捹 捏 暖 拿 懦 傩 吃 拮 讥 肌 羁 绮 畸 杞 綦 崎 妓 嗜 伎 3315

3316 矜 亘 汲 扱 襟 衾 擒 馑 觐 隙 棘 戟 克 橘 逮 葵 窥 硅 诡 溃 3335

3336 柜 机 蹶 眷 卷 倦 躬 穹 窘 鸠 驹 钩 躯 讴 衢 蟠 绊 矾 畔 盘 3355

3356 斑 攀 拌 驳 膊 缚 粕 箔 珀 铃 逞 图 帘 验 敛 辇 砾 沥 纽 讷 3375

3376 舅 臼 矩 灸 沟 殴 枢 枸 厩 岖 寇 垢 呕 仇 骄 轿 蛟 皎 狡 搅 3395

3396 娇 乔 咬 轰 肱 宏 魁 拐 乖 郓 卦 胱 旷 圹 匡 括 刮 灌 棺 藿 3415

3416 椁 廓 颗 巩 拱 汩 衮 棍 昆 鹄 梏 锢 辜 裤 膏 股 痼 敲 拷 呱 3435

3436 叩 悸 鲸 颈 茎 胫 磬 痉 梗 憬 劲 鹃 谲 茧 觋 膈 橄 偈 怯 劫 3455

3456 虔 腱 巾 渠 倨 醵 羹 芥 个 溉 忾 凯 姜 腔 糠 慷 闸 匣 绀 瞰 3475

3476 疳 柑 堪 勘 褐 竭 喝 谏 艰 竿 痫 涧 拣 奸 垦 壳 恪 驾 袈 苛 3495

3496 稼 嫁 嘉 哥 呵 3500

중국어 상용자 2500자와 차상용자 1000자[14]

상용자(2500자)

0001 的 一 是 了 不 在 有 人 上 这 大 我 国 来 们 和 个 他 中 说 0020

0021 到 地 为 以 子 小 就 时 全 可 下 要 十 生 会 也 出 年 得 你 0040

0041 主 用 那 道 学 工 多 去 发 作 自 好 过 动 对 行 里 能 二 天 0060

0061 三 同 成 活 太 事 面 民 日 家 方 后 都 于 之 分 经 种 还 看 0080

0081 产 所 起 把 进 前 着 没 而 样 部 长 又 问 法 从 本 定 见 两 0100

0101 新 现 如 么 力 等 电 开 五 心 只 实 社 水 外 政 很 高 月 业 0120

0121 当 义 些 加 老 著 四 头 因 向 理 点 合 明 无 机 意 使 第 正 0140

0141 度 物 想 体 此 知 关 制 然 其 表 重 化 应 各 但 者 间 百 比 0160

0161 什 儿 公 做 九 相 气 命 西 话 将 内 与 由 利 今 手 平 量 员 0180

0181 回 情 几 最 八 级 位 结 性 代 教 次 路 党 六 便 原 军 总 走 0200

0201 象 口 七 先 常 题 入 给 己 队 战 果 完 反 白 建 革 立 少 文 0220

0221 打 论 门 东 女 放 期 真 数 展 资 通 农 名 解 叫 提 或 山 线 0240

0241 条 别 万 系 已 变 形 它 边 阶 报 官 决 她 及 争 声 北 求 世 0260

0261 要 美 再 听 才 运 必 安 取 被 南 接 华 干 区 身 济 共 计 特 0280

0281 改 吃 书 马 组 界 议 车 并 海 育 思 设 伴 光 强 品 直 许 造 0300

0301 务 流 治 领 联 金 记 任 受 极 基 质 指 帮 目 市 快 千 导 花 0320

0321 科 难 深 保 住 统 管 处 认 志 图 则 研 劳 每 场 带 亲 至 根 0340

---

14) 北京大學 中文系 現代漢語教研室 編, 《現代漢語》 附錄 〈現代漢語常用字表〉 인용, 商務印書館.

0341 更 斗 收 信 究 且 怎 近 非 料 何 呢 热 术 夫 眼 交 布 石 达 0360

0361 步 拉 众 省 风 据 奸 增 程 火 团 字 却 油 米 委 色 式 切 望 0380

0381 器 办 群 观 算 调 母 土 较 请 元 爱 持 清 广 张 连 压 觉 识 0400

0401 林 际 举 即 死 专 局 类 空 单 权 毛 师 商 孩 装 批 府 找 往 0420

0421 王 校 该 未 席 约 照 易 神 克 号 京 转 须 半 习 青 早 规 验 0440

0441 拿 服 节 精 树 传 备 钱 技 讲 告 德 参 斯 具 织 集 病 友 谈 0460

0461 市 积 亚 复 厂 越 支 婚 历 兵 胜 选 整 铁 势 笑 院 板 球 河 0480

0481 吗 除 准 况 影 倒 若 格 断 甚 速 言 采 哪 离 县 写 台 古 远 0500

0501 士 感 般 呀 低 确 晚 害 细 标 兴 房 游 消 够 坐 足 史 飞 注 0520

0521 紧 食 列 失 候 周 破 推 温 英 喜 片 苏 首 价 双 赛 证 木 角 0540

0541 族 苦 引 始 哥 跟 念 故 助 容 需 落 草 项 功 送 巴 船 罢 鱼 0560

0561 虽 音 试 包 洋 怕 似 养 满 防 红 修 田 妇 银 城 职 止 希 查 0580

0581 江 站 村 曾 黑 段 随 费 黄 父 续 乐 块 买 衣 型 状 视 愿 投 0600

0601 司 欢 效 响 刻 存 尽 跑 坚 差 滑 武 纪 围 阿 层 划 企 客 底 0620

0621 屋 阳 律 妈 派 啊 护 施 富 像 留 让 敌 吧 供 皮 维 值 既 例 0640

0641 急 弟 答 严 轮 孔 击 款 息 扬 叶 轻 朝 率 责 营 雨 临 忙 称 0660

0661 继 固 渐 医 良 初 刀 星 按 坏 帝 负 待 姑 夜 属 密 简 排 均 0680

0681 显 旧 啦 谁 尺 云 副 男 致 适 协 靠 艺 脚 换 配 宽 迫 洲 久 0700

0701 财 免 旅 错 姐 归 令 余 读 创 置 益 穿 端 抗 独 某 判 闻 敢 0720

0721 午 冷 材 春 守 虫 仅 态 圆 岁 预 宣 略 源 素 矿 充 刚 语 左 0740

0741 考 仍 恩 烟 构 乡 酒 付 画 座 君 逐 卖 卫 跳 绝 朋 降 李 占 0760

0761 汽 药 货 救 另 获 微 伤 奇 减 策 句 赶 承 州 终 娘 案 诉 右 0780

0781 依 短 察 芬 优 杂 波 居 爷 限 呼 停 互 章 纸 封 央 脸 普 瓶 0800

0801 演 室 背 饭 借 顶 肯 乱 班 诸 床 乎 善 环 您 困 吸 假 齐 福 0820

0821 慢血激毫担桥讨凭印钟鲜掉零童怪戏述汉尼含 0840

0841 散杀恶斤肉肆牛模液罪评检范睛亦茶香访射烧 0860

0861 灯兰沙针罗旁替脑输烈练境努径升钢哭突恐贵 0880

0881 植粉酸削丝误野礼巷冲测麦露否登危搞歌亮欧 0900

0901 痛唱玩肥超菜攻鼓退藏谢哈暗缺户迎堂训陈敬 0920

0921 馆险妹移弹景顾课惊播挥熟票夺培棉夏灭抓味 0940

0941 松掌架静曲粮束赞犯忽编异翻促套脱鼠祖尚尤 0960

0961 嘴础伟骨潮载威阵闹园磨玉鸡侵竞概抵季执冬 0980

0981 核补孙遇兄辨弄讯丰顺宝庄永毒托睡枝洞录港 1000

1001 宗纳甲盖胡倍稳届附庭泥镇贫岛毕洗笔煤亿卡 1020

1021 盘弱街损耳控狗晓铜末镜楼败航寻湖恼介宁招 1040

1041 凤爸咱蒙混麻昨雷份索店探舞摇横凡岸莫龙沿 1060

1061 临启盛操羊雄销伸鸟奶塞额吹幕途陆筑齿扩括 1080

1081 缘阻阴拜猪旗绿氏私冰聪谋穷献沉抢灰践奋警 1100

1101 秋召绩敞触休瓦征疑残析透欲壁狠剧牙幸苗氧 1120

1121 妻怀喝荣篇订巨贸顿版剂瞧挂摆楚税厚抱握虎 1140

1141 健卷胞刺忘炉逃缩偏隔聚窗庆寨追序喊软闭刘 1160

1161 亩醒伯遍抽杆亡盾唯枪杯姓谷硬灵晨袋皆圈域 1180

1181 鲁勇暴雪恨械惯寸津绍佛墙粒染井乙薄奖奴乃 1200

1201 迅汗映猫彩蛋牌盐距桌股吨皇奏辛伐涉箱网盟 1220

1221 振秩寒净博泪折诗矛裂湿尊延彻幼番劝糖洁稻 1240

1241 粗禁遭尾菌废裁燃伙愈丹瞒徒拍捉汇牧珠稿灾 1260

1261 浪援怒堆避怜纯智丽雕铺驻拖康典妙岩浅抬坦 1280

1281 瓜杨壮俗彼督耐勒赵剥虚钻乘繁勤殖贝贯脉兔 1300

1301 纷尖缓圣遗祝迷洪库惜炮择竹忍览渡辆柱碎池 1320

1321 旋川塔耕柴审辞插债湾震纵呆株宫遭签允扫累 1340

1341 鞋螺奔贡宜擦暖趣润侧冒猛迹骂旱豆帽爬迟饮 1360

1361 巧鸟鬼释寄仪慌悟甘壤诚淡冠沈梦荷页丈伍憧 1380

1380 祥爆厅碗滚授玻奉捕乏扎墨词夹摄仙艰秘泻倘 1400

1401 婆唤垂愁喷炼糊涂叹丁壳泰鸣予倾贺舍虑秀朗 1420

1421 售腿妄稍奥辈辟斜叔宪腐幅挑锦劲璃腰浓乒阀 1440

1441 吉森荒邻泛蜂闪灌疗隶竞耗卵辩剩厘割添颜障 1460

1461 臣吴扇亏拔珍黎胶绕仁偷伏仔暂荡欺违棒患贴 1480

1481 骗貌潜浮赏锋晶拥殊唐赤宾默刑币鼻污泼祸刊 1500

1501 胆衡纺沟悲纤扶撤揭泽渔孤呈巩申狐姻漏恰胸 1520

1521 摸励仿戴盆妥融辉邮梁哲纱宋炭唉仗盗挖碰朱 1540

1541 截符狂疾毁购邀肃饰恢骡贼顽扑磁袖肚耀纹牲 1560

1561 栽龄鉴纲紫闷役阅燕坡咬刷拾肩缝储踏峰绳烂 1580

1581 柳颗忠蒸挤覆乳匪租吐帐搬旨碍欠详瞎阔搭钉 1600

1601 嫂弃兼蓄趁腾塑徐帖雅尘鹊芽陷蝇筒饼稀畜焦 1620

1621 饿炸岂臂宿饲喂凉豪倡籍丢舒摩侮忧眉猴尝凶 1640

1641 朵郎闯凝誉饱弯袭腹秤遵叙窝脂阁跌拆拒键秒 1660

1661 瑞冻昼挺趋驾昌斑箭俱寿汤跃偶烦孟绪牵牢兽 1680

1681 仰桑谅隐妨悄忆耻泉汪蚊慰递滴屈吓扰篮筹悉 1700

1701 铃葡佩剑仇享犹悬蜜卧槽缸逼嫁劣罚丧漠柔宴 1720

1721 锅歇抛昏羽滋梅庙铸拨戒蓝码剪敲闲译岭挺驱 1740

1741 掘瘦匹蛇扣撞乞猜骑敏矮巡杜埋锻郑昆狼桃肝 1760

1761 疮蚕鸦症苍轨伴隆赖惠陪返惨轰屡伪勿膜贪捐 1780

1781 棋叛翁辽橡浙舌贷雀睛椅勉涨俩琴吊册棍弦鸭 1800

1801 舅恭爹愧辱旬旦匠摘吵匀壶笼遮饥筋巾傅拼宅 1820

1821 愤肤愚循链隙粘赔飘捧蓬哀孝漆穗乔侨辅躲渠 1840

1841 丙锁狡拳脏谊眠宇墓梯芳崇涌衰蚀疆岗塘疯铅 1860

1861 迈泡厌浆骄甜惑竭抚凯迁谨估绵逢栏秧赴恋慎 1880

1881 扯厉仆慈冤穴嚷吞嫩杰携桂糕柜慕怨浇柏悔贤 1900

1901 浸陶描胀偿掩鹿腊醉翼柄丑催丛昂薪浑纠棵跨 1920

1921 咐尸睁咳萄晒酬肠腔钞龟惭熊劫戚猎鹅霉挽仓 1940

1941 舰扭御溪蜡填虾胁爪霸牺串餐臭雾绣络漫妖堡 1960

1961 赠狮鄙驴卜竿厨绸蚁锐洒弓燥婶狱暑姨佳炎颂 1980

1981 畅驶嘱贞羞踢捷绘蔬煮廉挡鹰滤旺葛烛刮赌锡 2000

2001 询汁弊砖枯矩殿桶坑傲辰顷膀峡轧熔滩魂撒逆 2020

2021 颈溜漂梳慧躺茎吩疏盼舟淋郊欣恳堪衫誓裳罐 2040

2041 晋扔驰抖粪驼棚爽谱枣嫌谣竖肺侍挨菊狸犬陕 2060

2061 酱饶裕姿剖歪勾奸卸脾滨翅疼毅搁陵冶贩蛙皱 2080

2081 僚怠躬宏颠蚂垫摊秆袍惹披泳蝶缠娃抹叼棕斥 2100

2101 董档诱泊侦葬朴垦券疫恒碧骆浩堵脆鞠慨丘酷 2120

2121 茫疲砍绒渗胃蹲纽盈址痕糟匆溉搜拘轿宙诊叮 2140

2141 稼拌贱膨狭押惰肿盲摔佣霞碑芦摧钓脊痰堤艘 2160

2161 框掠羡赚凑亭诞喘刃唇幻苹沃肌鞭窄裤抄夕钩 2180

2181 霜谦叉肢撑盒锤娇坝捞懒驳锈罩遥怖尿晃莲窑 2200

2201 鸽缎寺泄夸蔽葱炕筛兆垅坛逮跪毙烘掀攀扁哨 2220

2221 凳拦杠畏咽衬惧缴屑颤掏厦蝴搅俊叠屿帅沸挣 2240

2241 踪辣挪惩渴窃舱捏焰赢薯冈衔悠拣逝愉拢哄帘 2260

2261 扮 伞 榜 茂 犁 渣 嘉 膏 茅 孕 梨 傻 锯 姜 铲 屠 哗 洽 枕 涛 2280

2281 翠 闸 傍 谎 禽 囊 帆 砌 乒 艳 沫 芒 蔑 萝 庸 朽 呜 蛮 絮 滥 2300

2301 沾 炒 胖 绑 晌 帜 帨 茧 榴 酿 淘 醋 皂 悼 垒 俭 邪 浊 桐 萍 2320

2321 胳 裹 塌 捆 袜 喉 魔 揉 锄 蹈 膝 趟 钳 噪 灿 灶 倦 馅 骡 烤 2340

2341 崖 蕉 僵 撕 袄 桨 俯 咸 荐 杏 盏 坟 萌 蛾 梢 毯 盯 扛 坊 禾 2360

2361 蒜 滔 橘 浴 蠢 廊 惕 陡 裙 哑 宰 淹 喇 倚 梁 垮 拐 忌 瓣 逗 2380

2381 脖 伶 斧 踩 膊 屯 搏 蹄 肾 芝 韵 耽 匙 劈 挠 涝 躁 俘 吼 碌 2400

2401 辫 圾 筐 膛 猾 绞 笛 旷 嚼 扒 乖 秃 垃 糠 诵 甩 窜 粥 斩 僻 2420

2421 煌 熄 锣 眨 樱 丸 蛛 贿 歉 腥 拴 钥 筝 崭 晕 烫 眯 蜘 虏 雹 2440

2441 笨 嗽 澡 榨 雁 椒 炊 娱 谜 栗 啄 寇 稠 讽 筝 馒 侄 魄 宵 煎 2460

2461 揪 辜 厕 殃 茄 撇 聋 暮 岔 槐 痒 虹 捎 勺 睬 葵 栋 蹦 绢 搂 2480

2481 柿 趴 榆 镰 删 捡 剃 咏 蜓 疤 蜻 挎 箩 锹 菠 饺 叼 芹 姥 馋 2500

차상용자(1000자)

2501 尔 昵 侯 兜 轴 伊 谓 乾 哩 萨 措 溶 爵 犀 邦 俄 埃 彪 柬 琳 2520

2521 频 砂 迂 硫 伦 廷 赫 综 函 宦 呵 诺 碳 洛 泵 署 焊 菲 咧 姊 2540

2541 嗡 袁 磷 秦 滞 娶 媳 哎 姆 崔 贾 澳 颇 胎 碱 枚 卢 氢 奈 辑 2560

2561 曼 莱 艾 譬 氯 拟 寂 儒 隅 勃 戈 吏 吁 啥 翔 渤 赐 阐 邓 穆 2580

2581 铝 蝙 锥 弧 仲 瓷 敦 凌 蟹 舶 祈 缚 凛 怔 铣 履 硅 匈 郭 卑 2600

2601 凸 韩 氨 抑 契 贮 甫 昭 卓 梧 谬 磅 魏 钠 霍 谴 芯 氮 蒋 帕 2620

2621 钙 褐 哼 辐 杭 勘 淀 衷 蒂 徽 俺 菩 涕 癌 勋 敷 刨 兢 钦 坯 2640

2641 鹏 拱 纬 椿 颂 哟 媒 讼 猿 吱 账 酵 暇 晤 诡 肖 钾 粹 蒲 硝 2660

2661 丐 曹 棱 巢 掷 岐 凹 淮 拓 醇 裸 咨 籽 珊 姚 梧 豫 聘 屏 氛 2680

2681 衍 熙 栈 彭 蜗 禀 逸 凿 潘 蝗 鸿 瞪 绅 苇 藤 吕 瘤 驮 郁 湘 2700

2701 崩 棘 觅 粤 涡 卿 衙 靖 腺 舆 罕 逻 辖 枢 诬 趾 幽 缔 赋 锭 2720

2721 锌 冯 寡 斋 涤 婿 浦 玛 谐 萧 刹 溃 嘿 孵 馏 坎 雌 岳 庞 胚 2740

2741 晰 捣 奠 祭 弥 挫 怯 吟 拧 婴 叭 吻 蓬 疟 玫 栓 颖 玄 桩 屁 2760

2761 泣 诈 簇 缆 墩 瞬 蔗 噪 韧 篡 肪 寓 啼 殷 憾 耸 峻 恕 焚 玲 2780

2781 鼎 甸 兑 饵 稚 鹤 凄 痴 椭 逊 豹 檐 溢 扳 逛 碟 沼 躇 鳄 棺 2800

2801 迄 岭 嵌 镀 雏 枉 稽 咒 瑰 沥 喧 彰 庇 泌 砸 挽 灼 荏 菱 鳞 2820

2821 咕 杉 淑 坠 栖 焕 糙 蝉 僧 邢 嚣 闺 螟 嘲 镶 葫 汛 筷 苟 铭 2840

2841 忿 骚 昧 潭 昔 礁 梗 畔 梭 懈 讥 乍 厢 豁 澄 囚 矢 栅 蔓 聊 2860

2861 沪 颊 惶 遂 虐 嗅 鲸 鞍 尉 撮 恍 喻 耿 仑 鹚 眷 椎 荆 汰 缅 2880

2881 拙 琼 谭 磕 剿 耙 汞 靴 鲤 藻 蚜 洼 枫 煞 褂 懊 烹 杖 赦 睦 2900

2901 蕴 窖 夷 瞻 蕾 苔 魁 渊 锰 钝 熏 翰 楞 宛 矫 菱 啡 簿 捍 蔫 2920

2921 溅歺篱闽洶媚隧畦硕妆芭蚌捻腕揖堕薛聂哺亥 2940

2941 伺寝捶秉箍氓磺壕廓蹬祷佑骇躯鳍淫毡竣舵眶 2960

2961 卤翘揩椰碘钧咖蓉寞熬蛹赎阎橱膳驯庶窟瑟隘 2980

2981 娜朦羔酊囿黍蟆呕巍畸擅柑钮畴彬缕屉砚楔腻 3000

3001 沛咙缀茸苛卤荔袄搓茵淤窍玷琐憎庵募肴揽鸵 3020

3021 撰襟徙铡鹦琢讶坪绷嘶拂靶砾崔匣啸慷秽啤菇 3040

3041 贬涯猖奢沦涵蝠戳睹皿瀑吆陌猩胰扼婉酥澜畔 3060

3061 宠霎孽掺瘟豌拭陋烁牡垛拯逞蜕陨粟嗦呐卒窥 3080

3081 蔚褥躅脯壹蟀笆讳搪豹烙赃荤胧盅淆莽赁砰舀 3100

3101 拗妒廖挚冀绽蜀拄殉崎妓髓擂淌拇秸芙屎灸臼 3120

3121 唧斟唾荧虱哞橄俏刁嗜酊哆诀枷祠嬉恃撩蟋肘 3140

3141 谒肋搔恤橙痹峭鸥绊萤谍蛤榄埠堰莉茁擒黔奄 3160

3161 徘佃芥糜涎冕埂吭俐苞窿诫逾耘炬凰渺庐甥喳 3180

3181 踊簸蠕剔疙樟驹徊挟锚窘瞄溯棠脓坤痢鸠颅硼 3200

3201 溺澈彤沐瓮蕊卿漓帚卦忱攘啃攒晾腮糯咆涩碾 3220

3221 匾匿侈憋呛铆揣撼濒踩谆惦嘀蔼抒羹巫芋阱幢 3240

3241 晦敛桦峦鸳瘫腋邑琅桅莺淳霹笙颓瘩铛骏侣蘑 3260

3261 旭蘸悍奕茉漱屹曙漾涧垢湃坞芜瓢叽唬儡纫愕 3280

3281 傀狈轩昙侠鹃蚓跋榕谚谤莺赘肛懦莹捺赂鬃弛 3300

3301 冗楷嗤蛊掰蚯呻瘪诽绎沧臊殖醋簸掐楣柠荸揍 3320

3321 侥殴祟箕掖梆岖遏檬窒幌唆臀琉矾雳呔唠喊婉 3340

3341 拷幔翩蒿缭酪蹋萧擎捅蚣悯薇樊憨蜓缰剑荠粢 3360

3361 蜈沮诲掂澎抡惋醛碴撵蛆吮舔跛跷倔泞辙蹭沽 3380

3381 螃瘾权夯靡炫誊绰翎蛀舷蝎麸诅碉摹偎癞掸啫 3400

3401 莐 赊 韭 蚤 藕 狞 芙 褪 焙 肮 壁 嫡 痪 腌 嫉 锨 凫 嘹 墅 榔 3420

3421 疢 燎 怠 讹 藐 恬 膘 袒 夭 牍 撬 篙 缤 锉 疹 蹂 檀 囤 猬 镐 3440

3441 蝌 馁 肄 胯 荞 嚎 蚪 芍 咪 盹 辕 秕 衩 罴 筏 娄 憔 缨 坷 吝 3460

3461 涣 镣 茴 闰 悴 裆 褒 脐 鳖 痊 枢 镊 铐 赡 飒 漩 瓢 蛔 秫 匕 3480

3481 瞳 痘 馈 苦 笤 滓 癣 狰 玖 榛 潦 贰 叁 琐 瘸 捌 檩 柒 嘹 啰 3500

이우일 ──────────────────

現) 배화여자대학 중국어통번역과 교수

≪한 권으로 끝내는 관광중국어≫
≪Let'go 기초중국어회화≫
≪중국어번역 바로잡기≫
외 다수

홍병혜 ──────────────────

現) 배화여자대학 중국어통번역과 겸임교수

≪간단하게 개운히 이해하는 중국어문법≫
≪구양수 사의 이해≫
≪화간집≫
외 다수

중국어,
해석할 것인가
번역할 것인가

초 판 인 쇄 | 2011년 8월 31일
초 판 발 행 | 2011년 8월 31일

편 저 자 | 이우일 · 홍병혜
펴 낸 이 | 채종준
펴 낸 곳 | 한국학술정보㈜
주 소 | 경기도 파주시 문발동 파주출판문화정보산업단지 513-5
전 화 | 031) 908-3181(대표)
팩 스 | 031) 908-3189
홈 페 이 지 | http://ebook.kstudy.com
E - m a i l | 출판사업부 publish@kstudy.com
등 록 | 제일산-115호(2000. 6. 19)

ISBN   978-89-268-2535-8 93720 (Paper Book)
        978-89-268-2536-5 98720 (e-Book)

이담
/ooks 는 한국학술정보(주)의 지식실용서 브랜드입니다.